500 IDEAS: HABITACIONES INFANTILES
500 TRUQUES: QUARTOS DE CRIANÇA

500 IDEAS: HABITACIONES INFANTILES
500 TRUQUES: QUARTOS DE CRIANÇA

F K G

Editorial project:
2012 © LOFT Publications
Via Laietana, 32, 4.º, of. 92
08003 Barcelona, Spain
Tel.: +34 932 688 088
Fax: +34 932 687 073
loft@loftpublications.com
www.loftpublications.com

Created and distributed in cooperation with Frechmann Kolón GmbH
www.frechmann.com

Editorial coordinator:
Aitana Lleonart Triquell

Art director:
Mireia Casanovas Soley

Design and layout coordination:
Claudia Martínez Alonso

Cover layout:
María Eugenia Castell Carballo

Layout:
Cristina Simó Perales

Translations:
Cillero & de Motta

ISBN 978-84-9936-754-5 (E)
ISBN 978-84-9936-755-2 (PORT)

Printed in China

LOFT affirms that it possesses all the necessary rights for the publication of this material and has duly paid all royalties related to the authors' and photographers' rights. LOFT also affirms that it has violated no property rights and has respected common law, all authors' rights and other rights that could be relevant. Finally, LOFT affirms that this book contains no obscene nor slanderous material.
The total or partial reproduction of this book without the authorization of the publishers violates the two rights reserved; any use must be requested in advance.
If you would like to propose works to include in our upcoming books, please email us at loft@loftpublications.com.
In some cases it has been impossible to locate copyright owners of the images published in this book. Please contact the publisher if you are the copyright owner of any of the images published here.

Introduction	7
Design Criteria	8
Distribution	10
Lighting	20
Materials	32
Plastic	36
Wood	38
Painted Wood	44
Wicker	50
Textil	52
Colors	56
Orange and Yellow	68
Blue	74
Pink	78
Green	82
Red	88
Projects	96
Babies	98
Baby's Paradises	106
Nature	112
Pastel Colors	116
Blue Harmony	120
Fun Boxes	124
Princess	128
Warm Atmosphere	132
Small Children	134
Sharks	136
The Ocean	142
Fairy Pink	146
Butterfly Forest	152
Purple, Red, Green	158
Colored Circles	160
Bright Colors	164
Mauve	168
Boy's Room	172
Teenagers	178
Jungle	180
Black Panther	184
Pop Stars	186
Rascally Animals	190
Room for Two	194
Sporty Atmosphere	198
Girl's Room	202
Chill Out	210
Furniture and Additions	214
Furniture	216
Accessories	232
Fabrics and Wallpapers	240
Toys	248
Photo Credits	254

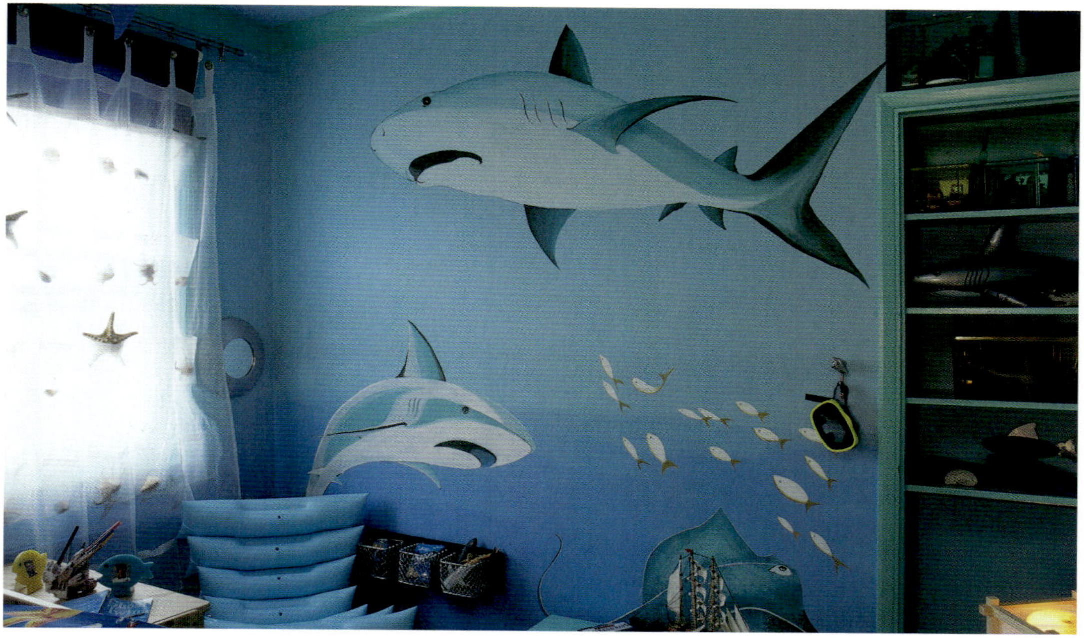

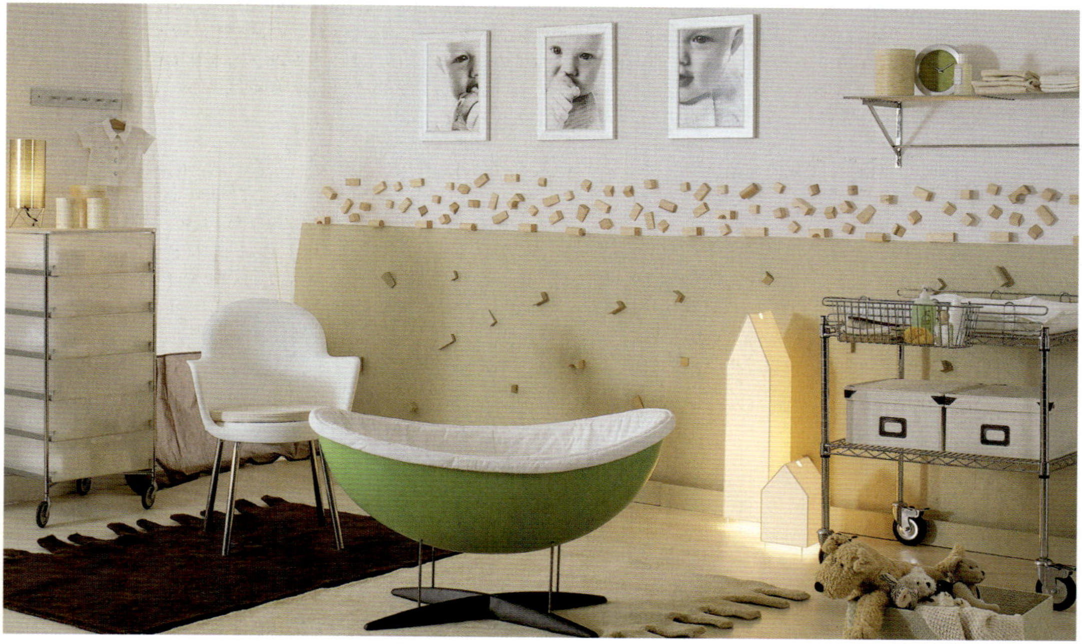

Introduction

La habitación de los niños es el espacio donde crecen los miembros más pequeños de la familia y el lugar en el que jugar, aprender, dormir y soñar. Su diseño debe transmitir una atmósfera amistosa y atractiva y, sobre todo, debe estar adaptado a cada edad. En las páginas siguientes presentamos propuestas para las diferentes edades –recién nacidos, niños pequeños y jóvenes– de reconocidos diseñadores, interioristas y fabricantes de todo el mundo: soluciones prácticas muy variadas, de colores alegres y llenas de fantasía, que incluyen desde el conjunto clásico hasta los estilos más vanguardistas y modernos.

Children's bedrooms constitute the space where the smallest members of the family grow up and where different phases of their development unfold, a place where they play, learn, sleep and dream. The setting should be attractive and inviting, with a design corresponding to the age of the child. The following pages present ideas of renowned designers, interior architects and manufacturers from all over the world, for babies, small children and teenagers. There are all types of practical solutions in fun colors, brimming with imaginative proposals, which include everything from classic design and informal styles, to the most modern and avant-garde concepts.

La stanza dei bambini é lo spazio in cui i più piccoli della famiglia crescono ed esperimentano le diverse fasi del loro sviluppo: uno spazio per giocare, imparare, dormire e sognare. Per questo dovrebbe dominare un ambiente gradevole ed invitante che rifletta soprattutto le rispettive età. Nelle seguenti pagine vengono presentate delle creazioni per i differenti gruppi d'età (dal neonato al bambino piccolo sino all'adolescente) di conosciuti designer, arredatori e fabbricanti di tutto il mondo: soluzioni fantasiose, colorate e pratiche, che vanno dall'arredamento classico al manierato –giocoso sino al moderno– avanguardista.

O quarto das crianças é o espaço onde crescem os membros mais pequenos da família e por onde passam as diferentes fases do seu desenvolvimento: um espaço para brincar, aprender, dormir e sonhar. É por isso que deveria reinar nele uma atmosfera acolhedora, atraente e, sobretudo, adaptada à cada idade. Nas páginas seguintes apresentamos propostas para as diferentes idades – recém-nascidos, crianças pequenas e jovens – de designers conhecidos, arquitectos de interiores e fabricantes de todo o mundo: soluções práticas de todo tipo, de cores alegres e cheias de fantasia, que incluem desde o conjunto clássico, passando por designs de estilo acolhedor, até aos mais vanguardistas e modernos.

Design Criteria

El entorno espacial de un niño influye en gran manera en su desarrollo. Por ello, es importante encontrar un equilibrio entre la avalancha de estímulos y la monotonía con el fin de posibilitar tanto la estimulación como el descanso. Mientras durante la lactancia el espacio tiene que transmitir principalmente calor y seguridad, conforme pasan los años crece el deseo del niño de participar en su configuración. Se puede satisfacer esta necesidad recurriendo al empleo de colores vivos y accesorios divertidos como perchas o cuerpos luminosos.

Children's development is greatly influenced by their surroundings. It is therefore important to reach a balance between excessive activity and monotony, in order to allow them to be stimulated but also to rest. Babies require, above all, a space that provides warmth and security, while older children will increasingly demand a say in the look of their room. This can involve the use of bright colors and amusing accessories like bedcovers and lamps.

Lo spazio che circonda un bambino influisce in modo determinante sul suo sviluppo. Per questo é importante creare un equilibrio tra l'eccesso di stimoli e la monotonia, in modo da permettere sia la stimolazione che la calma. Mentre per il neonato la stanza deve trasmettere in primo luogo calore e protezione, crescendo aumenta il desiderio dei bambini di essere partecipi attivi. Attraverso l'uso di colori vivaci o anche accessori divertenti come i beccatelli o le lampade si puó tenere conto di questa esigenza.

O cenário espacial de uma criança influencia grandemente o seu desenvolvimento. Por isso, é importante encontrar um equilíbrio entre a avalanche de estímulos e a monotonia, para possibilitar tanto o estímulo como o descanso. Enquanto que durante a lactação o espaço tem de transmitir principalmente calor e segurança, com a passagem dos anos cresce na criança o desejo de participar na sua configuração. É possível satisfazer esta necessidade recorrendo à utilização de cores vivas e de acessórios divertidos, como cabides ou corpos luminosos.

Distribution

Lighting

Materials

Colors

Distribution

El caos inevitable en la habitación de los niños se puede solucionar con una distribución clara del espacio. Para que los niños puedan guardar sus juguetes, resulta práctico utilizar sistemas de almacenamiento como cajas apilables, cajones y estanterías, de forma que cada objeto tenga su lugar asignado. Mediante una buena ordenación del mobiliario se asegura el acceso a los juguetes y a los utensilios necesarios para la higiene del bebé.

L'inevitabile caos nelle stanze dei bambini si puó contrarrestare con una chiara distribuzione dello spazio. Affinché i bambini possano sistemare in modo ben visibile i loro giocattoli e che ognuno abbia il proprio posto fisso, sono necessari dei sistemi formati da idonei casse, cassetti e scaffali accatastabili. Con una disposizione funzionale dei mobili viene garantito il semplice collocamento sia dei giocattoli che degli utensili necessari per la cura del bebé.

An orderly layout makes it possible to offset the untidyness that inevitably reigns in a child's bedroom. Storage systems, such as boxes that fit one on top of the other, chests, and shelves are the most practical means for storing toys in their appropriate place. The furniture layout should guarantee easy access to the toys or equipment for baby care.

O caos inevitável do quarto das crianças pode ser combatido com uma distribuição clara do espaço. Para que as crianças possam guardar os seus brinquedos, é muito prático utilizar sistemas de armazenamento, como caixas empi-lháveis, baús e estantes, para que cada objecto tenha o seu lugar. Através de uma boa organização do mobiliário garante-se o acesso aos brinquedos e aos utensílios necessários para a higiene do bebé.

Esta habitación saca partido del espacio generado por unas columnas. Allí se colocó un escritorio y estantes en forma de L, que ofrecen al niño una zona ideal para concentrarse en sus tareas escolares.

Questa cameretta sfrutta lo spazio generato da due colonne, a ridosso delle quali è stata sistemata una scrivania e delle mensole ad L che offrono al bambino una zona ideale per concentrarsi nello studio.

This room optimises the space generated between structural columns. A desk and shelves were placed in an L-shape, giving the child a perfect space to concentrate on homework.

Este quarto tira partido do espaço criado pelas colunas. Foram colocadas uma secretária e prateleiras em L, que proporcionam à criança uma zona ideal para se concentrar nas suas tarefas escolares.

Cuando los niños en edad escolar comparten habitación, una solución es colocar un escritorio amplio y funcional, además de estantes y accesorios para facilitar el orden en la zona de estudio.

When school children share a room, one solution is to place a large functional desk coupled with shelves and accessories to help organise the study area.

Quando i bambini in età scolare condividono la stessa cameretta una soluzione ottimale è sistemare una scrivania ampia e funzionale, mensole e accessori per facilitare l'ordine nella zona-studio.

Quando crianças em idade escolar dividem um quarto, uma solução possível passa pela colocação de uma secretária ampla e funcional, bem como de estantes e acessórios para facilitar a organização da zona de estudo.

En el caso de niños más pequeños, es posible organizar el espacio mediante originales muebles, distribuidos en la habitación de forma que delimiten las áreas de sueño y las de juego.

Nel caso dei bambini più piccoli è possibile organizzare lo spazio con mobili originali distribuiti nella cameretta in maniera tale da separare la zona notte dalla zona giorno adibita ai giochi.

For younger children, space can be organised using original pieces of furniture distributed around the room to mark the sleeping and play areas.

No caso de crianças mais pequenas, é possível organizar o espaço utilizando móveis originais, distribuídos pela divisão de forma a delimitarem as zonas para dormir e para brincar.

Ante la falta de espacio, la colocación de literas es una solución práctica. Aprovechar la altura de los techos y distribuirlas también de forma horizontal deja rincones para el almacenaje.

In caso di mancanza di spazio ricorrere a letti a castello è una soluzione pratica. Sfruttare l'altezza dei soffitti e sistemarli anche orizzontalmente permette di ricavare spazi per conservare ogni tipo di oggetti.

Bunk beds are a practical solution for small spaces. They make the most of high ceilings and can also be placed horizontally to create storage corners.

Perante a falta de espaço, a colocação de beliches é uma solução prática. Aproveitar a altura dos tectos e distribuir os beliches também de forma horizontal permite obter espaços para arrumação.

Una manera de crear cómodos espacios de almacenaje es colocar armarios y cajones a media altura sobre las paredes. Esto permite dejar a la vista y a mano lo importante.

Una maniera di creare comodi spazi per la conservazione di ogni tipo di oggetti è quella di piazzare armadi e cassetti a mezza altezza, in maniera da lasciare in vista o a portata di mano le cose più importanti.

One way to create practical storage spaces is to fix wardrobes and chests of drawers at a medium height on the walls. This solution means important belongings are easily found.

Uma forma de criar espaços cómodos de arrumação passa por colocar armários e gavetas a meia altura junto às paredes. Isto permite deixar à vista e à mão o mais importante.

Lighting

La combinación de luz natural y artificial garantiza una iluminación óptima en la habitación. Durante el día este espacio suele recibir suficiente luz natural para que sus pequeños habitantes puedan jugar o hacer los deberes en una atmósfera diáfana. Pero también por la noche hay que procurar darle una iluminación suficiente, aunque más atenuada. Para ello se puede recurrir a figuras iluminadas, que además servirán como objetos decorativos.

Nelle stanze dei bambini un'ottima illuminazione é data dalla combinazione tra la luce naturale e quella artificiale. Di giorno é sensato che lo spazio sia provvisto di sufficiente luce naturale in modo che i piccoli possano giocare o fare i compiti in un ambiente luminoso. Anche per la sera si dovrebbe provvedere ad una sufficiente anche se più attenuata illuminazione. In questo caso, delle figure illuminate oltre alla loro funzione possono assolvere uno scopo decorativo.

The combination of natural and artificial light guarantees ideal lighting in a child's bedroom. During the day this space generally receives enough daylight to allow its young occupants to play or do their homework in a diaphanous atmosphere. However, at night the light must also be sufficient, albeit softer. Illuminated figures are ideal for this purpose, as well as being attractive decorative features.

A combinação de luz natural e artificial garante uma iluminação óptima no quarto. Normalmente, recebe suficiente luz diurna para que os seus pequenos habitantes possam brincar ou fazer os trabalhos de casa numa atmosfera diáfana. Mas, também durante a noite, é necessário procurar uma iluminação suficiente, embora mais ténue. Para criar ambiente é possível recorrer a figuras iluminadas, que também funcionarão como objectos decorativos.

Para los más pequeños es agradable y sano habitar en espacios con buena luz natural. Los grandes ventanales de su sala de juego permiten aprovechar este tipo de luz al máximo.

Per i più piccoli è piacevole e sano vivere in spazi ben illuminati dalla luce naturale. Le grandi finestre della sala giochi consentono di sfruttare al massimo questo tipo di luce.

For little ones, it is pleasant and healthy to dwell in spaces with good natural light. The large windows in the games room optimise natural daylight to the fullest.

Para os mais pequenos é agradável e saudável habitar em espaços com boa luz natural. As janelas de grandes dimensões do quarto de brinquedos permitem aproveitar este tipo de luz ao máximo.

Al sentarse a la mesa y concentrarse en una partida, las tareas escolares o las sesiones de dibujo, la luz natural que entra a través de los grandes ventanales es un elemento clave para la salud ocular de los niños.

When sitting at the desk and concentrating on a game, homework or drawing, the natural daylight coming through the big windows is important for the health of children's eyes.

La luce naturale che entra dalle grandi finestre è un elemento decisivo per prevenire i disturbi della vista dei bambini, soprattutto quando si mettono a sedere davanti alla scrivania e si concentrano su una partita, sui compiti o su un disegno.

Sentada à mesa a criança concentra-se num jogo, em tarefas escolares ou em sessões de desenho. A luz natural que entra através das grandes janelas é um elemento chave para a saúde ocular das crianças.

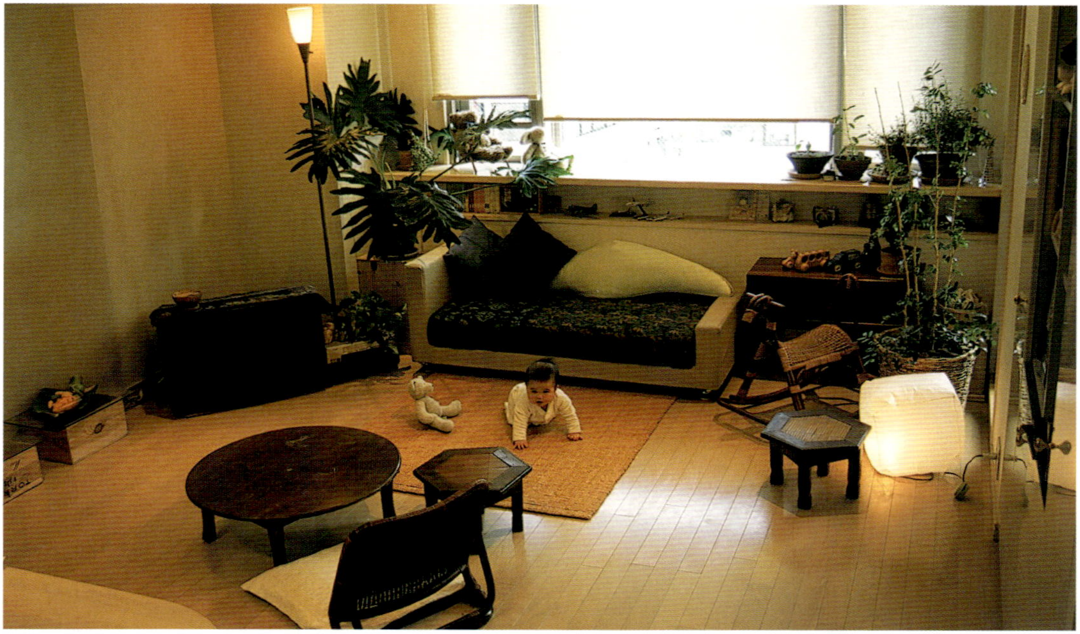

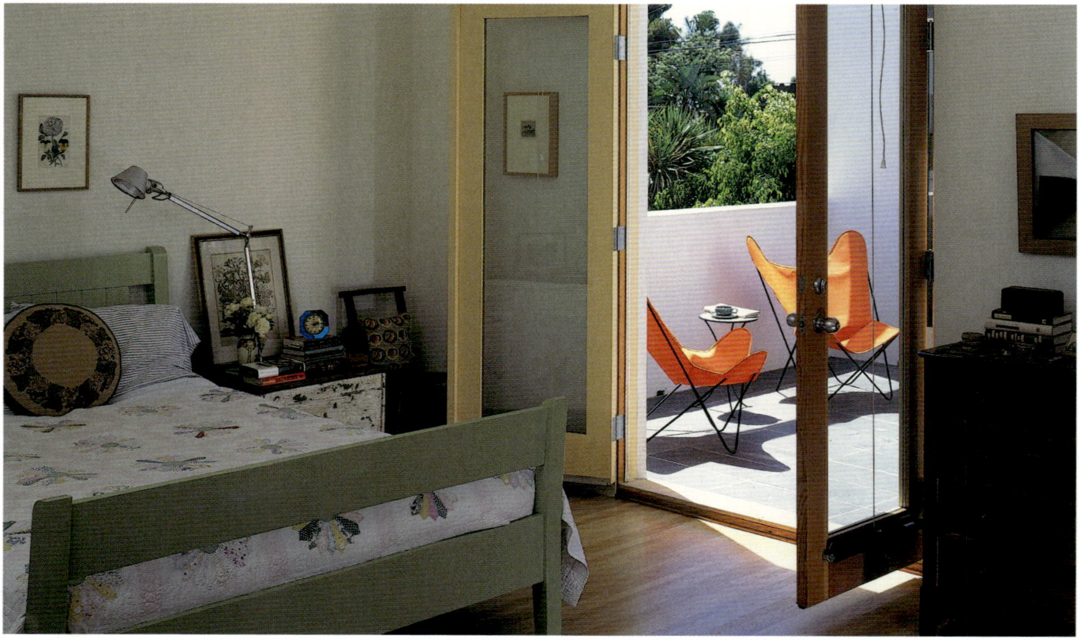

Es importante compartir los espacios luminosos de la casa con los niños, y utilizar los accesos al jardín para motivar las salidas y el juego al aire libre. Esta tienda de campaña es, además, fácil de transportar.

It is important to share the bright spaces of the house with children, and to design doors leading to the garden to encourage them to go out and play. This tent is easy to carry.

È importante condividere gli spazi luminosi della casa con i bambini e utilizzare gli accessi al giardino per incoraggiare le uscite e il gioco all'aria aperta. Questa tenda da campagna è, per di più, facile da trasportare.

É importante partilhar os espaços luminosos da casa com as crianças, e utilizar os acessos ao jardim para motivar as saídas e as brincadeiras ao ar livre. Além do mais, esta tenda é fácil de transportar.

Esta sala de juegos, aun sin grandes ventanales, presenta luminosidad suficiente para el juego diurno. Los tragaluces de la parte superior proporcionan luz y ventilación sin obstruir el espacio de almacenaje.

This games room, even though its windows are not large, provides enough light for daytime playing. The high windows provide light and ventilation without obstructing the storage space.

Questa sala giochi, sebbene non abbia grandi finestre, offre una luminosità sufficiente per il gioco diurno. Gli abbaini superiori dispensano luce e ventilazione senza ostruire lo spazio per la conservazione degli oggetti.

Este quarto de brinquedos, embora não tenha janelas grandes, proporciona luminosidade suficiente para as brincadeiras durante o dia. As clarabóias da parte superior proporcionam luz e ventilação sem obstruir o espaço de arrumação.

Materials

Al elegir los materiales para la habitación del niño se debe considerar el diseño y, sobre todo, su resistencia y conservación. Materiales como madera, mimbre, plástico o tela determinan la imagen de la habitación, transmiten calidez y además son seguros para los niños, pues no tienen esquinas o cantos cortantes ni piezas que se puedan desprender. También es importante elegir materiales, barnices y recubrimientos antialérgicos y resistentes a la saliva.

Nella scelta del materiale delle stanze dei bambini, oltre al design é importante la robustezza e la facilità di manutenzione. I materiali come il legno, il vimine, la plastica e la stoffa determinano l'immagine della stanza, trasmettono calore e hanno anche il vantaggio di essere sicuri non avendo angoli o spigoli vivi o pezzi che si scrostano. Un altro, imprescindibile criterio nella scelta di materiali, lacche e rivestimenti é che siano resistenti alla saliva e non allergici.

Design, and above all, resistance and durability must be considered when choosing materials for children's bedrooms. Materials such as wood, wicker, plastic or cloth define the image of the room and must provide not only warmth but also safety, by being free of sharp corners or edges and loose pieces. It is also important to choose antiallergic and saliva-resistant materials, varnishes and coverings.

Ao escolher os materiais para o quarto da criança, deve ter-se em conta o design e, sobretudo, a sua resistência e conservação. Materiais como a madeira, o vime, o plástico ou o tecido determinam a imagem do quarto e, além de transmitirem calor, também são seguros para as crianças, sem esquinas ou cantos cortantes nem peças que se possam soltar. Também é possível escolher materiais, vernizes e revestimentos anti-alérgicos e resistentes à saliva.

Plastic

El plástico es un material adecuado para niños de corta edad que empiezan a entrar en contacto con los objetos, pues es resistente y amortigua los golpes.

La plastica è un materiale ideale per i bambini in tenera età che iniziano ad entrare in contatto con gli oggetti, dato che è resistente e ammortizza i colpi.

Because it is durable and absorbs knocks, plastic is a suitable material for young children starting to come into contact with objects.

O plástico é um material adequado para crianças de tenra idade que começam a entrar em contacto com os objectos, pois é resistente e amortece as pancadas.

Wood

La madera aporta calidez a las habitaciones de bebés. Su característica naturaleza, aun en diseños temáticos, genera un ambiente ideal para el descanso, el sueño y la lactancia.

Il legno apporta calore alle camerette dei neonati. La sua natura caratteristica, anche nel caso dei disegni a tema, crea ambienti ideali per il riposo, il sonno e l'allattamento.

Wood adds warmth to babies' rooms. Its naturalness, even in themed designs, creates an ideal environment for rest, sleep and nursing.

A madeira transmite calor aos quartos dos bebés. A sua natureza característica, ainda que aplicada em designs temáticos, gera um ambiente ideal para o descanso, para o sono e para a amamentação.

La madera es un material que aporta calidez. Se puede usar tanto para tallar el cuerpo de la cuna como en el aplique con forma de osito del armario.

Wood is a material that gives warmth. It can be used to both carve the body of the cradle and in bear-shaped appliqués on the wardrobe.

Il legno è un materiale che crea ambienti caldi. È possibile utilizzarlo sia per gli intagli, sia per il corpo della culla, sia per l'applicazione a forma d'orso dell'armadio.

A madeira é um material que transmite calor. Pode ser usada tanto para dar forma ao corpo do berço como para criar um aplique em forma de ursinho para o armário.

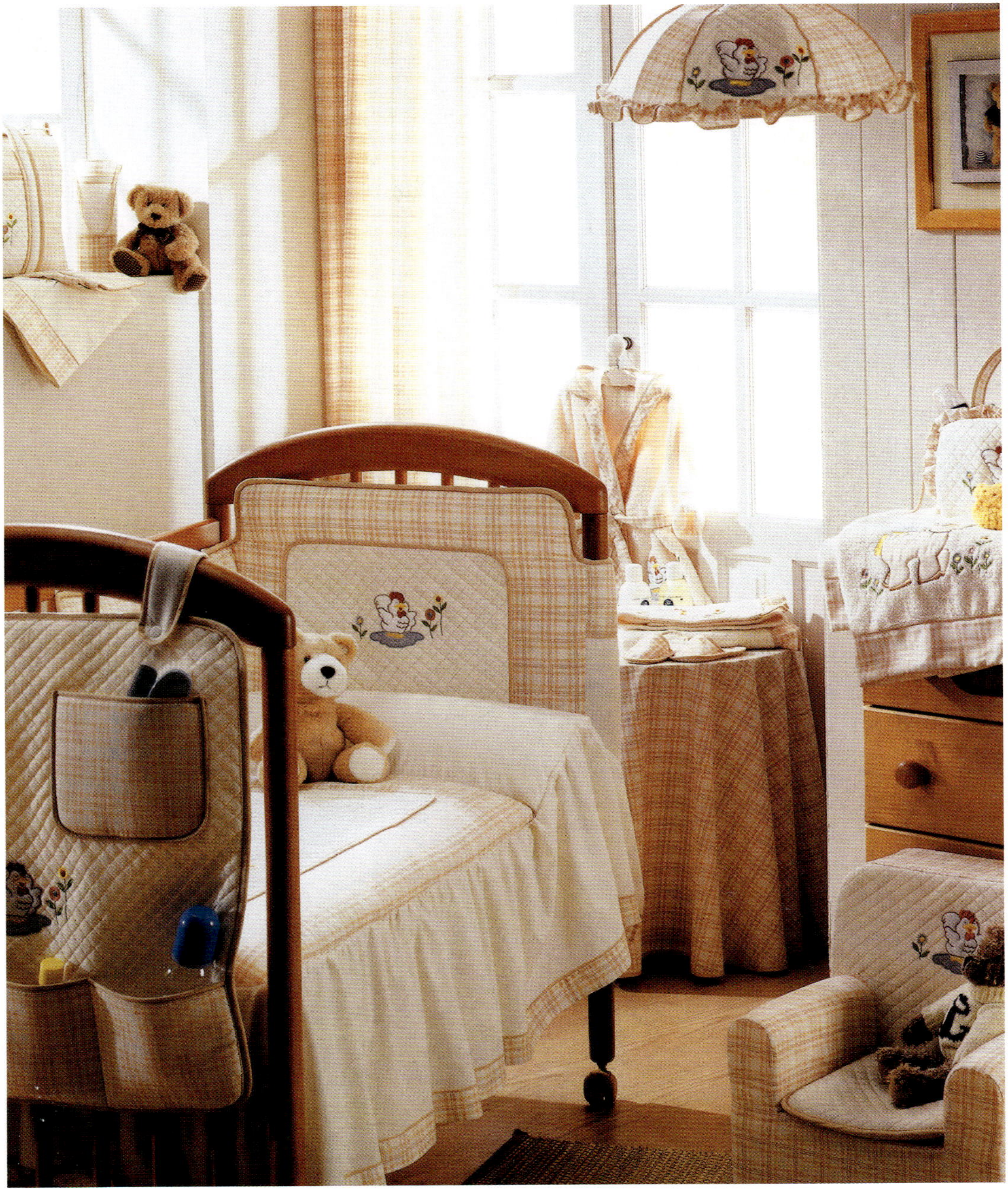

Cuando los niños crecen, la madera permite la construcción de muebles con un diseño particular que los invite a jugar y al mismo tiempo organice los espacios y el almacenaje de los juguetes.

As children grow, wood allows the construction of furniture with special designs to encourage them to play, while also organising space and storing toys.

Quando i bambini crescono, il legno consente la costruzione di mobili dal design particolare che li invita a giocare e, al contempo, ad organizzare spazi diversi, permettendo la conservazione dei giocattoli.

Quando as crianças crescem, a madeira permite a construção de móveis com um design particular que as estimula a brincar e que ao mesmo tempo permite organizar os espaços e arrumar os brinquedos.

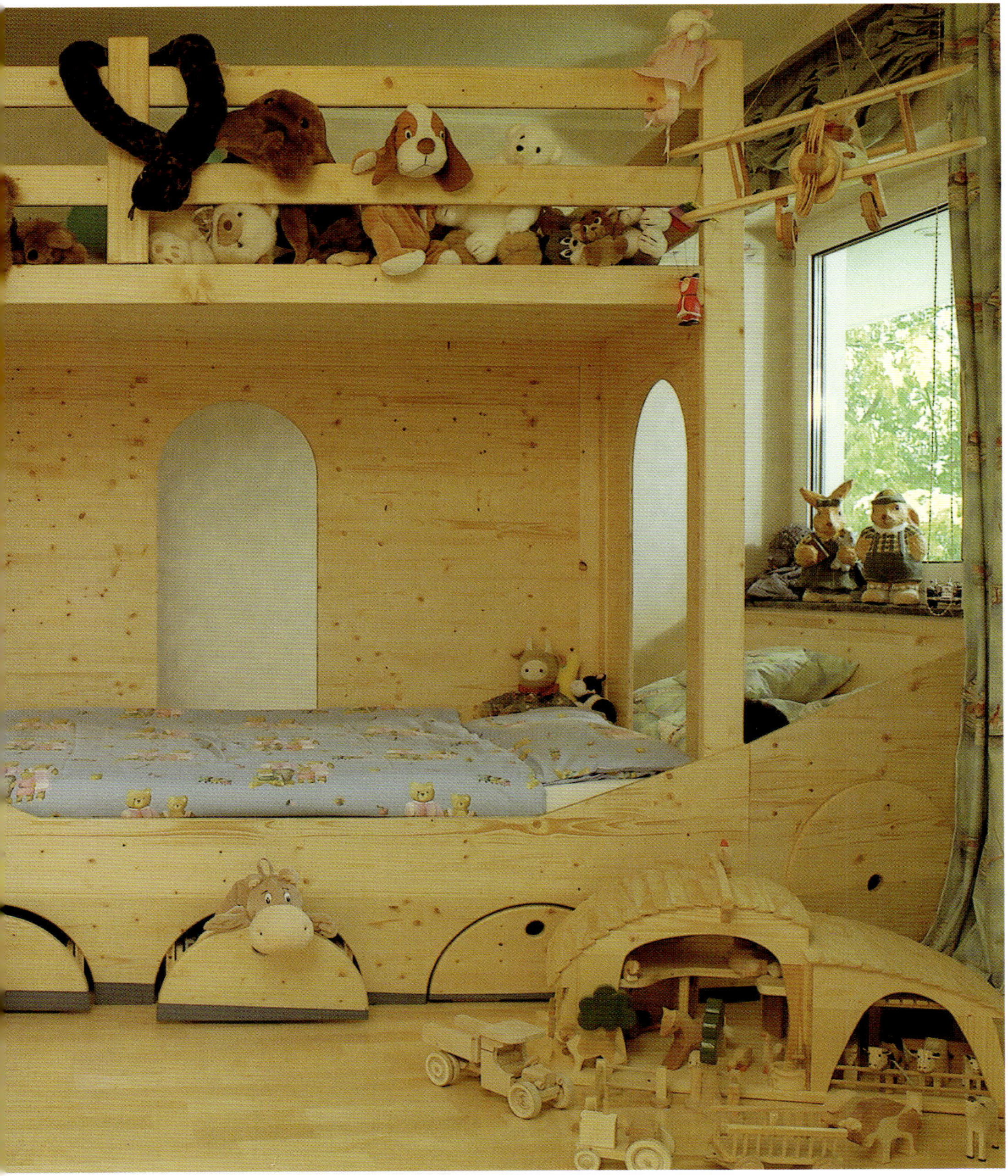

Painted Wood

Si bien los muebles de madera transmiten una imagen más clásica, pueden llenarse de color y fantasía. También es posible agregar aplicaciones y relieve a los motivos elegidos por los niños.

Sebbene i mobili in legno trasmettano un'immagine più classica possono essere vivacizzati con tocchi di colore e fantasia. È possibile, infatti, aggiungere applicazioni e rilievi ai motivi scelti dai bambini.

Although wood furniture conveys a more classic image, it can be filled with colour and fantasy. Appliqués and motifs chosen by children can also be added to the pieces.

Embora os móveis de madeira transmitam uma imagem mais clássica, podem revestir-se de cor e fantasia. Também é possível adicionar aplicações e relevos aos temas escolhidos pelos crianças.

La pintura aplicada sobre la madera transforma la cama, la mesita, los armarios y los estantes en divertidas escenas que alimentan la imaginación de los niños.

Paint applied over the wood transforms the bed, table, wardrobes and shelves into fun scenes that feed the imagination of children.

La vernice applicata sul legno trasforma il letto, la scrivania, gli armadi e le mensole in diverse scene che alimentano l'immaginazione dei bambini.

A pintura aplicada sobre a madeira transforma a cama, a mesa, os armários e as estantes em divertidas cenas que alimentam a imaginação das crianças.

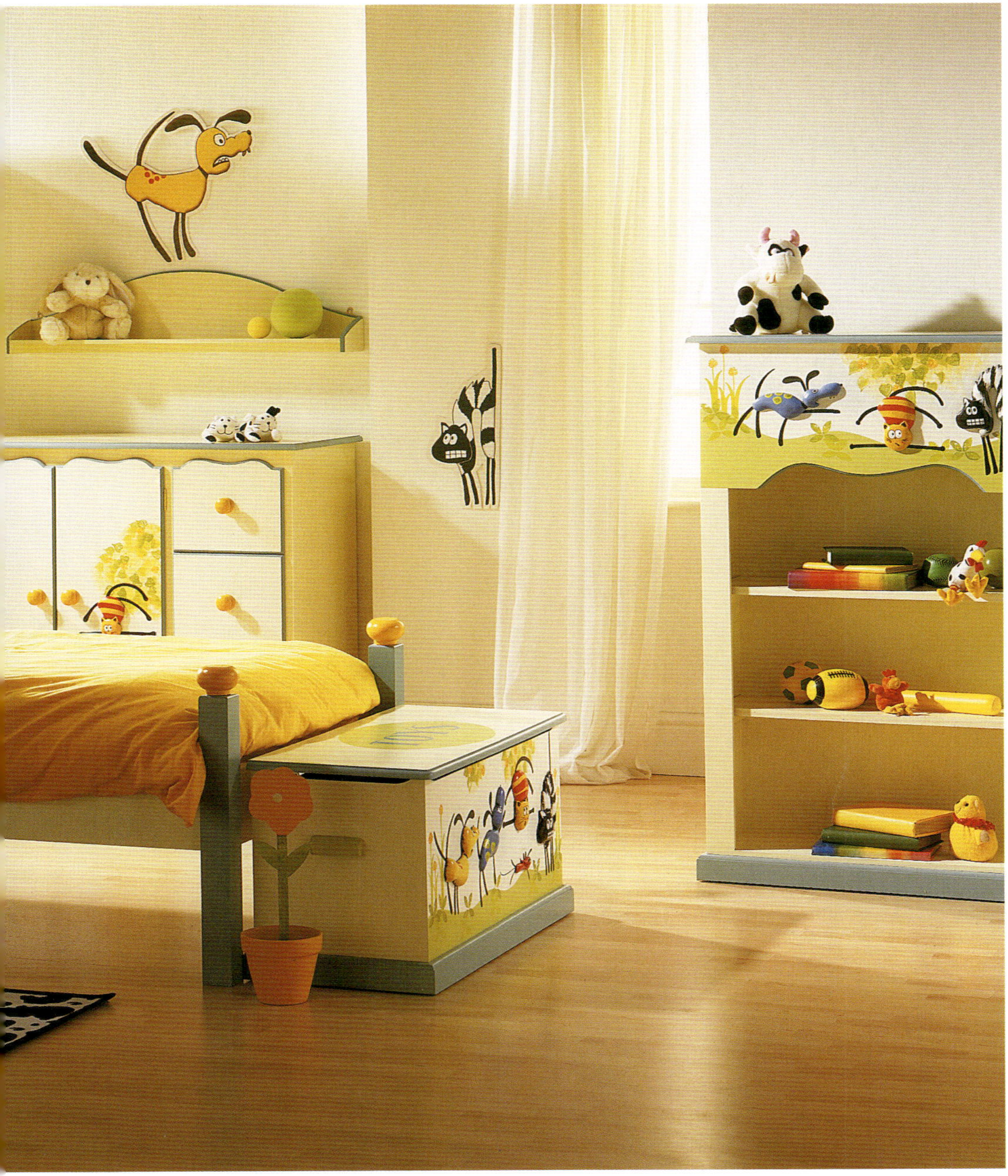

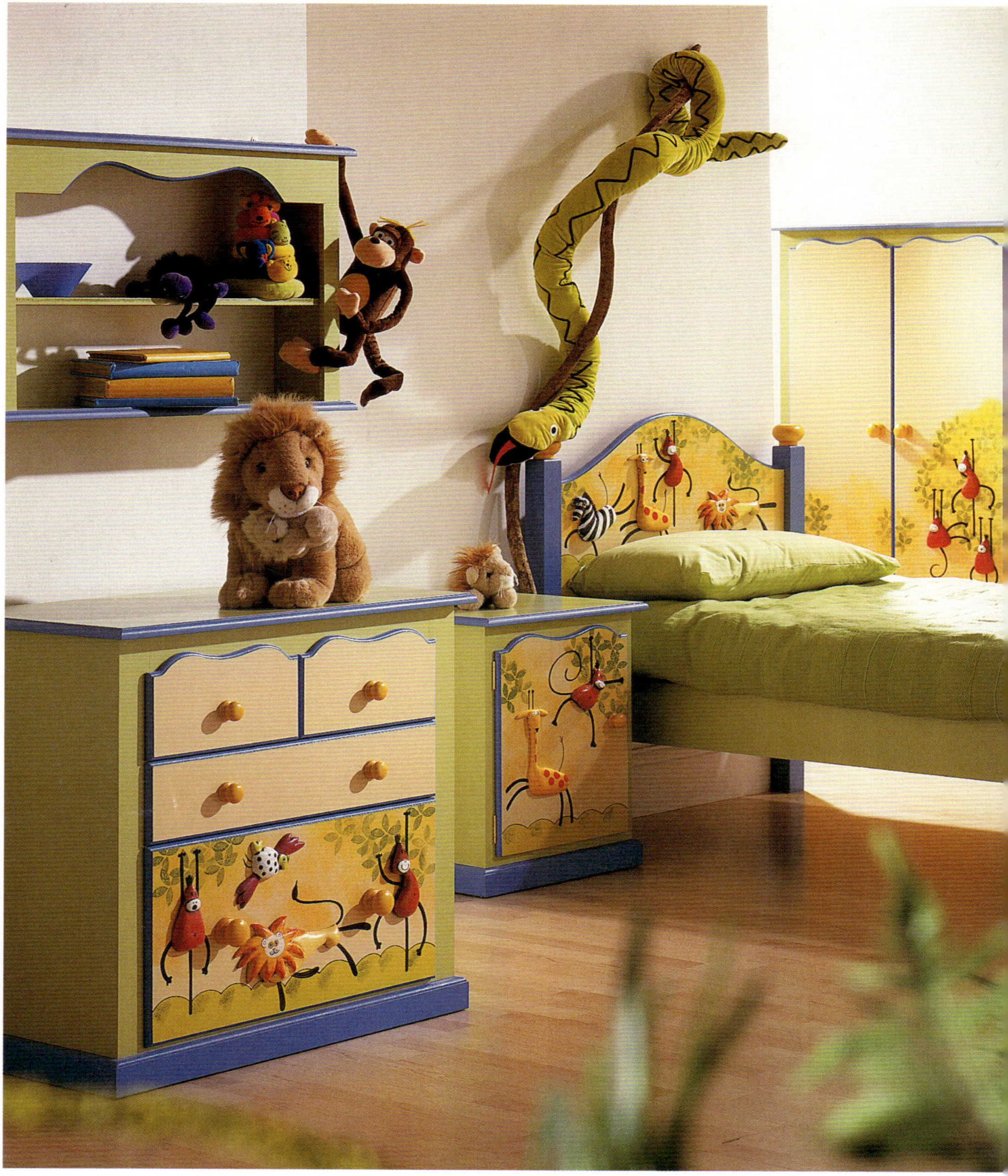

En esta habitación, los muebles de madera y los peluches evocan la selva, para que el niño desarrolle en su hábitat favorito sus sueños y sus juegos.

In this room, wooden furniture and stuffed animals evoke a forest scene, allowing the child to enjoy his favourite habitat in his dreams and games.

In questa cameretta i mobili in legno e i peluches evocano l'atmosfera della foresta perché il bambino, nel suo habitat preferito, dia libero sfogo ai suoi sogni e a suoi giochi.

Neste quarto, os móveis de madeira e os peluches evocam a selva, para que a criança crie no seu habitat favorito os seus sonhos e as suas brincadeiras.

Wicker

El mimbre se caracteriza por su calidez, al ser un material de origen natural. Esto lo convierte en un clásico para los bebés, ideal para acompañarlos durante la etapa de lactancia.

Il vimini dà un tocco caldo all'ambiente in quanto si tratta di un materiale naturale. Questa caratteristica fa che sia un materiale tradizionalmente utilizzato per i neonati, ideale per accompagnarli durante la tappa dell'allattamento.

Being a material with natural origins, wicker is characterised by warmth. This makes it a classic material for babies, ideal for accompanying them during their period of nursing.

O vime caracteriza-se pelo seu calor, visto ser um material de origem natural. Esta característica converte-o num opção clássica para os bebés, ideal para acompanhá-los durante o período de amamentação.

Textil

Las telas dan suavidad y calor a las habitaciones. Se puede elegir entre una extensa variedad de texturas para estimular el sentido del tacto de los niños y utilizar tanto en el mobiliario como en las alfombras.

Le stoffe rendono morbide e calde le camerette. È possibile scegliere tra una gran varietà di consistenze per stimolare il senso del tatto dei bambini ed utilizzarle sia nei mobili che nelle stoffe.

Fabrics give softness and warmth to rooms. A wide variety of textures can be used to stimulate children's sense of touch, and can be used in both furniture and carpets.

Os tecidos conferem suavidade e calor aos espaços. É possível escolher entre uma extensa variedade de texturas para estimular o sentido de tacto das crianças e podem ser utilizados tanto em mobiliário como em tapetes.

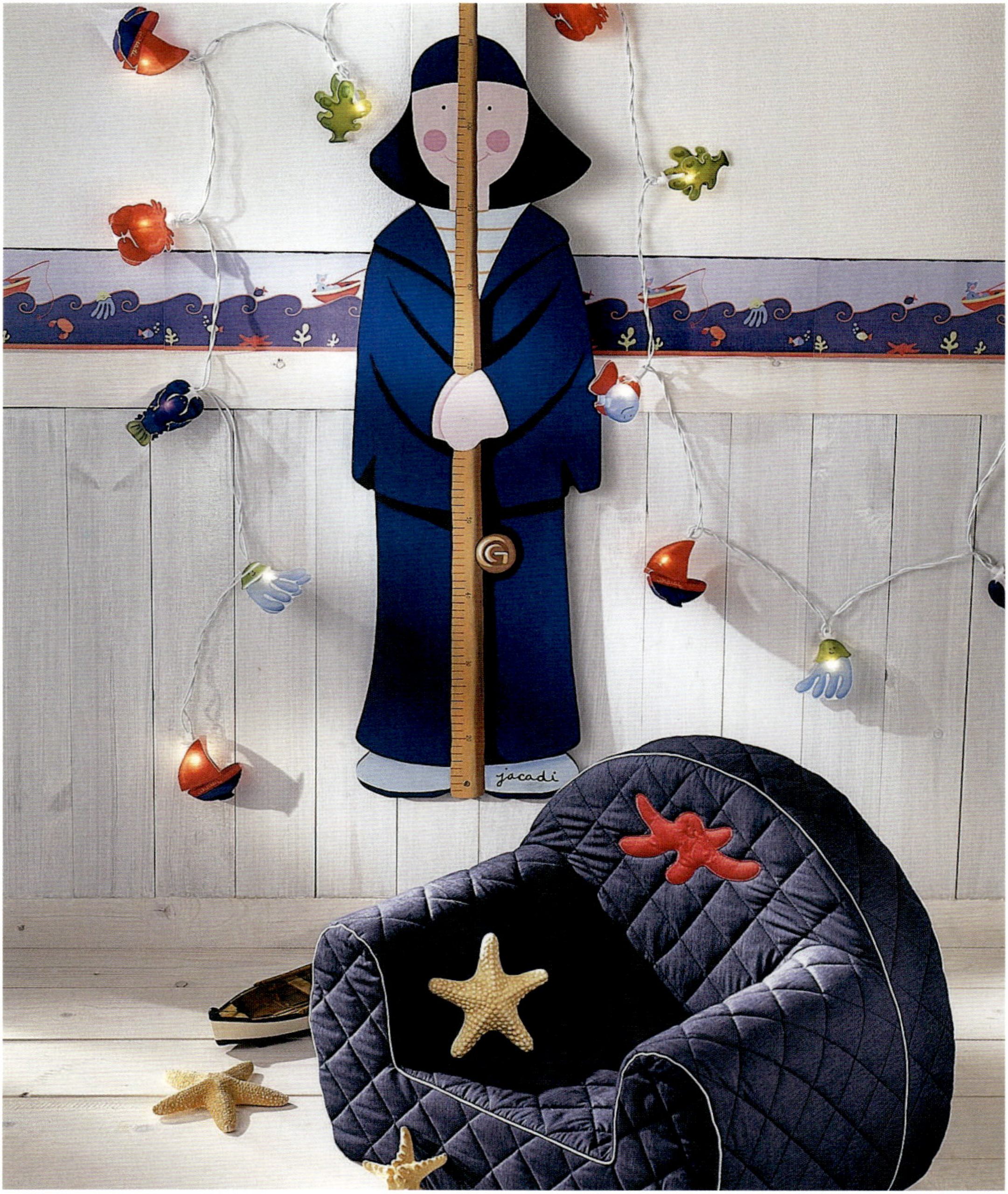
jacadi

En estas habitaciones, las telas de diversas texturas, motivos y colores, combinadas con el mobiliario, ofrecen un ambiente ideal para los años de juego y diversión.

In queste camerette, le stoffe dalle diverse consistenze, fantasie e colori, abbinate ai mobili, offrono un ambiente ideale per gli anni del gioco e del divertimento.

In these rooms, fabrics with differing textures, patterns and colours, combined with the furniture, provide an ideal environment for childhood years filled with fun and games.

Nestes quartos, tecidos de diversas texturas, temas e cores, combinados com o mobiliário, proporcionam um ambiente ideal para os anos de brincadeira e diversão.

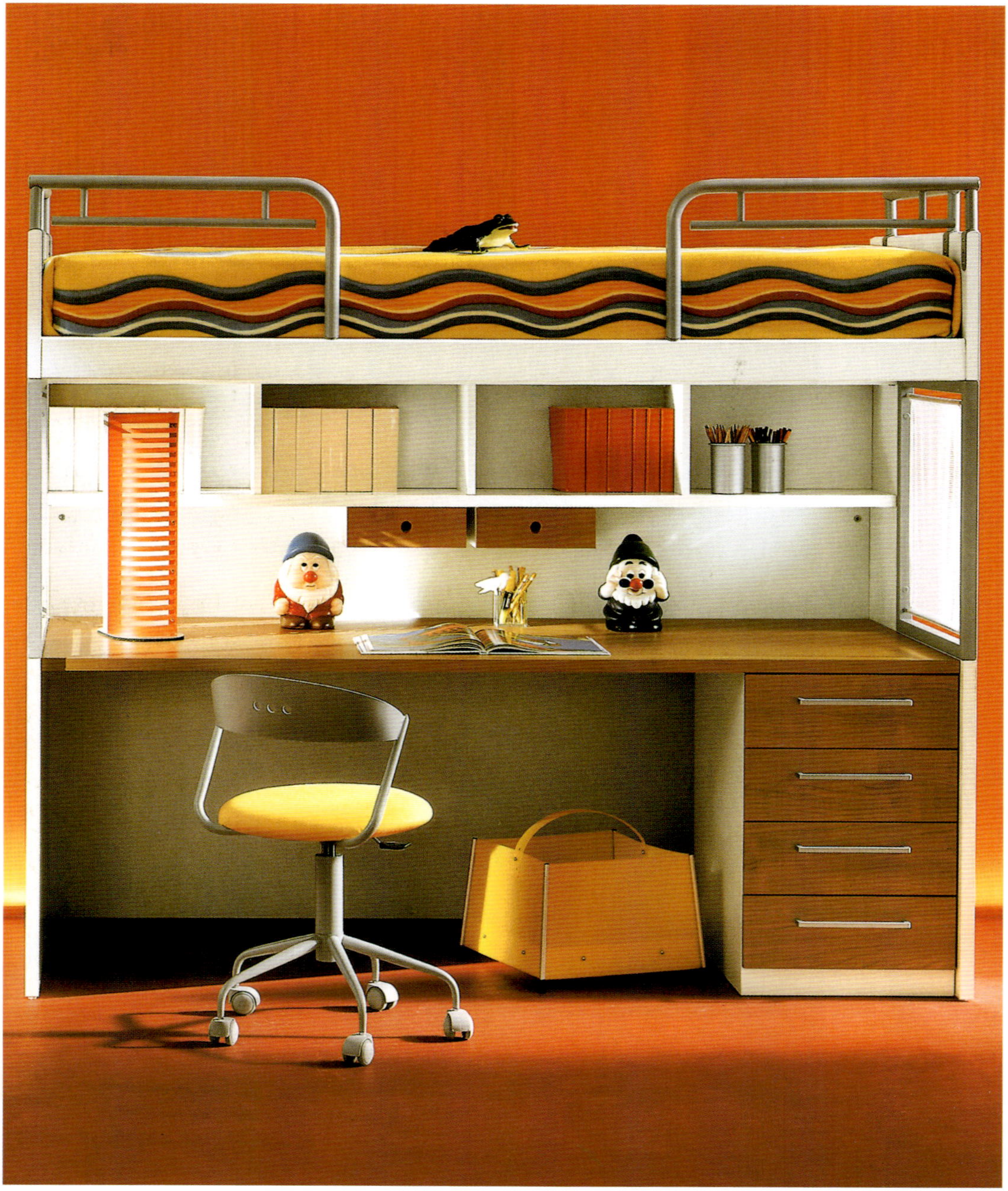

Colors

Al pintar la habitación del niño es importante dejar margen para su creatividad y fantasía. Cuanto mayor sea la superficie que pintar, más atención hay que poner en el uso de los colores. El color cuantitativamente dominante determina el ambiente, mientras que los otros tienen un efecto diferenciador, que debe guardar siempre una relación armónica con el principal. Los detalles de color destacan sobre el color de fondo y deberían ser utilizados con moderación.

Nel colorare la stanza é importante lasciare al bambino abbastanza spazio per la creatività e la fantasia. Più grande é la superficie, più i colori dovrebbero essere usati con moderazione. Il colore quantitativamente predominante determina l'ambiente, mentre gli altri differenziano l'immagine della stanza e dovrebbero essere in armonia con il colore principale. Gli accenti cromatici che risaltano nelle superfici colorate dovrebbero essere usati in piccole proporzioni.

When painting a children's bedroom it is important to take into account their imaginatioin and creativity. The larger the space, the more care is needed in the use of colors. The dominant color defines the atmosphere, while the others have a differentiating effect and should harmonize with the main color. The color details will stand out from the background splashes of color and should be used in moderation.

Ao pintar o quarto da criança, é importante deixar uma margem para a sua criatividade e fantasia. Quanto maior for a superfície, mais atenção terá de dar à utilização das cores. A cor quantitativamente dominante será a que vai determinar o ambiente, enquanto que as outras terão um efeito diferenciador e devem manter uma relação harmoniosa com a principal. Os detalhes de cor destacam-se sobre a cor de fundo e devem ser utilizados com moderação.

El verde, el amarillo y el violeta crean un juego de contrastes en el mobiliario y las paredes, y reciben con diversión el color de los accesorios, juguetes y libros.

Green, yellow and purple create a contrast in the furniture and walls and a fun effect with the colours in the accessories, toys and books.

Il verde, il giallo e il viola creano un gioco di contrasti tra le tonalità dei mobili e le pareti, mentre il colore degli accessori, dei giocattoli e dei libri dà un tocco divertente.

O verde, o amarelo e o violeta criam um jogo de contrastes no mobiliário e nas paredes, e acolhem de forma divertida a cor dos acessórios, brinquedos e livros.

Noah's Ark
Giant Floor Puzzle
City
Floor Puzzle
Killer Whales
Shaped Floor Puzzle
CHUTES AND LADDERS

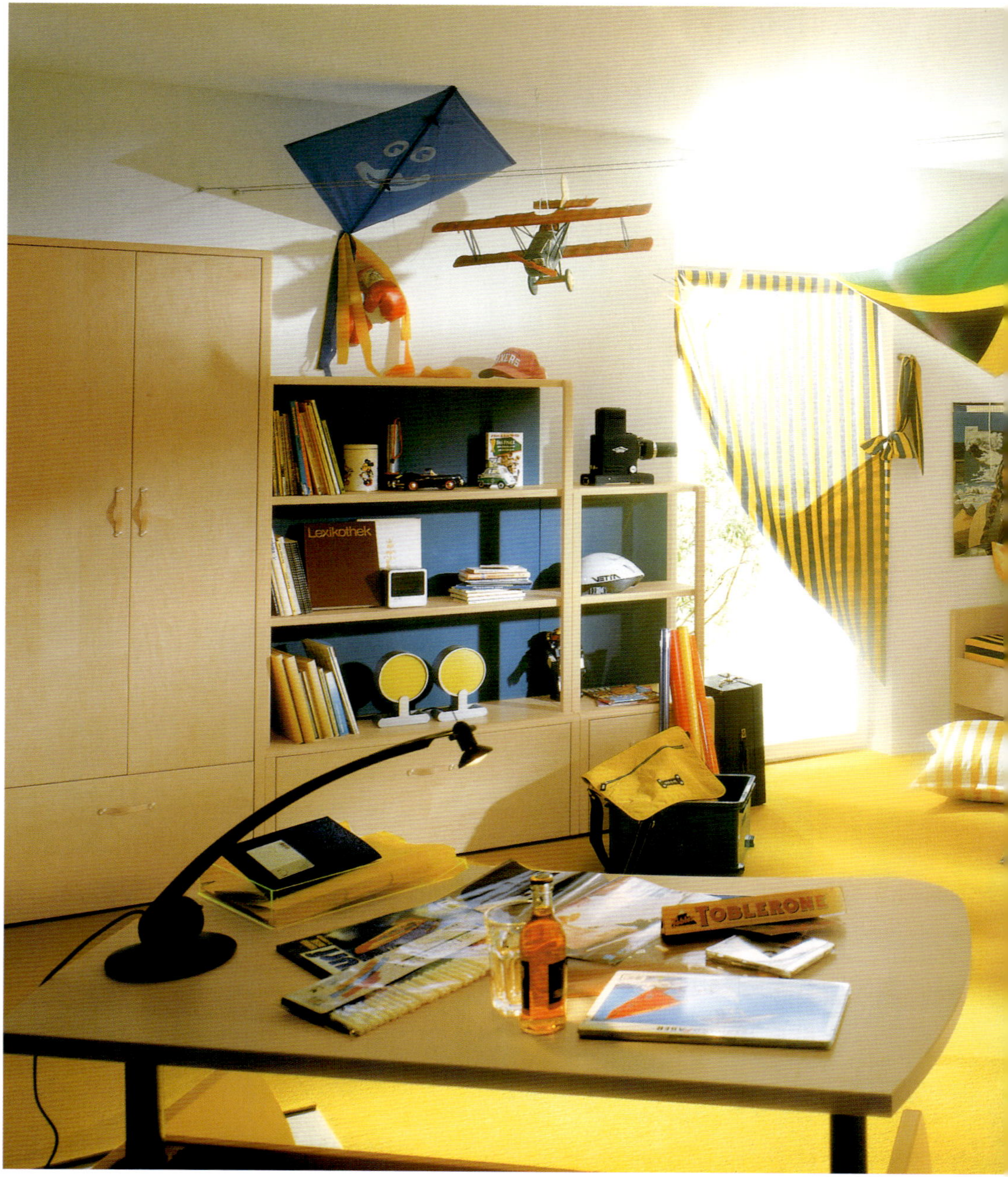
Lexikothek
TOBLERONE

En un cuarto que es a la vez estudio, el amarillo es un color muy adecuado ya que, al mismo tiempo que da color, refuerza la luz.

In a bedroom-cum-study room, the colour yellow is very appropriate since, while giving colour, it enhances daylighting.

In una cameretta che funge al contempo da studio, il giallo è il colore adatto giacché, allo stesso tempo, conferisce un tocco di colore e intensifica la luce.

Num quarto que também é estúdio, o amarelo é uma cor muito adequada visto que, ao mesmo tempo que transmite cor, reforça a luz.

La combinación cromática de amarillos y azules de esta habitación es armónica, aunque estos se presenten mediante detalles que destacan entre la amplia diversidad de colores.

The colour combination of yellows and blues in this room is harmonious, although these appear in details that stand out from the wide array of colours.

In questa cameretta l'ambiente è armonioso grazie all'abbinamento cromatico delle diverse tonalità del giallo e dell'azzurro presentate attraverso dettagli che spiccano tra l'ampia varietà di colori.

A combinação cromática de amarelos e azuis deste quarto é harmoniosa, embora estes tons se apresentem através de detalhes que se destacam entre a ampla diversidade de cores.

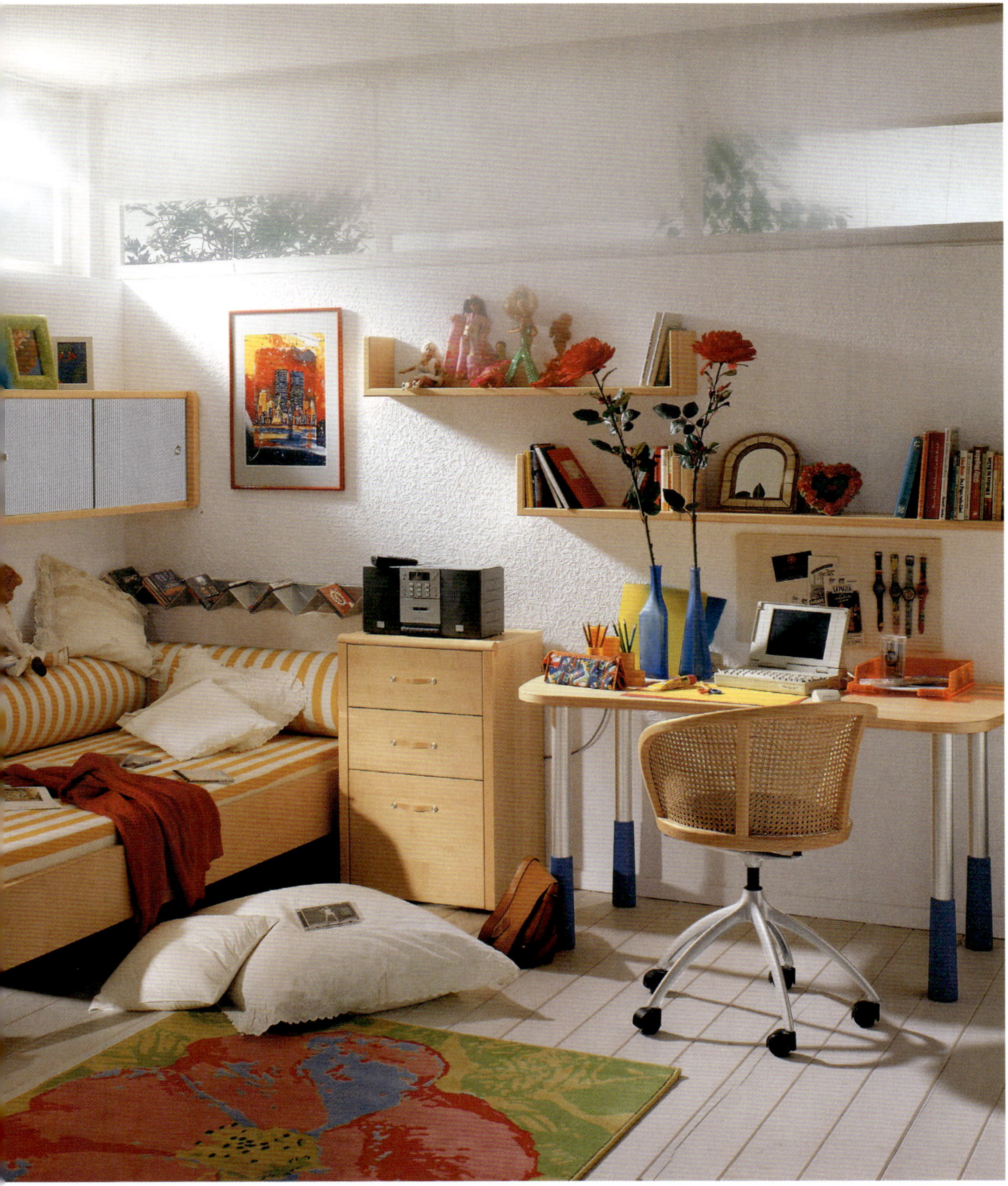

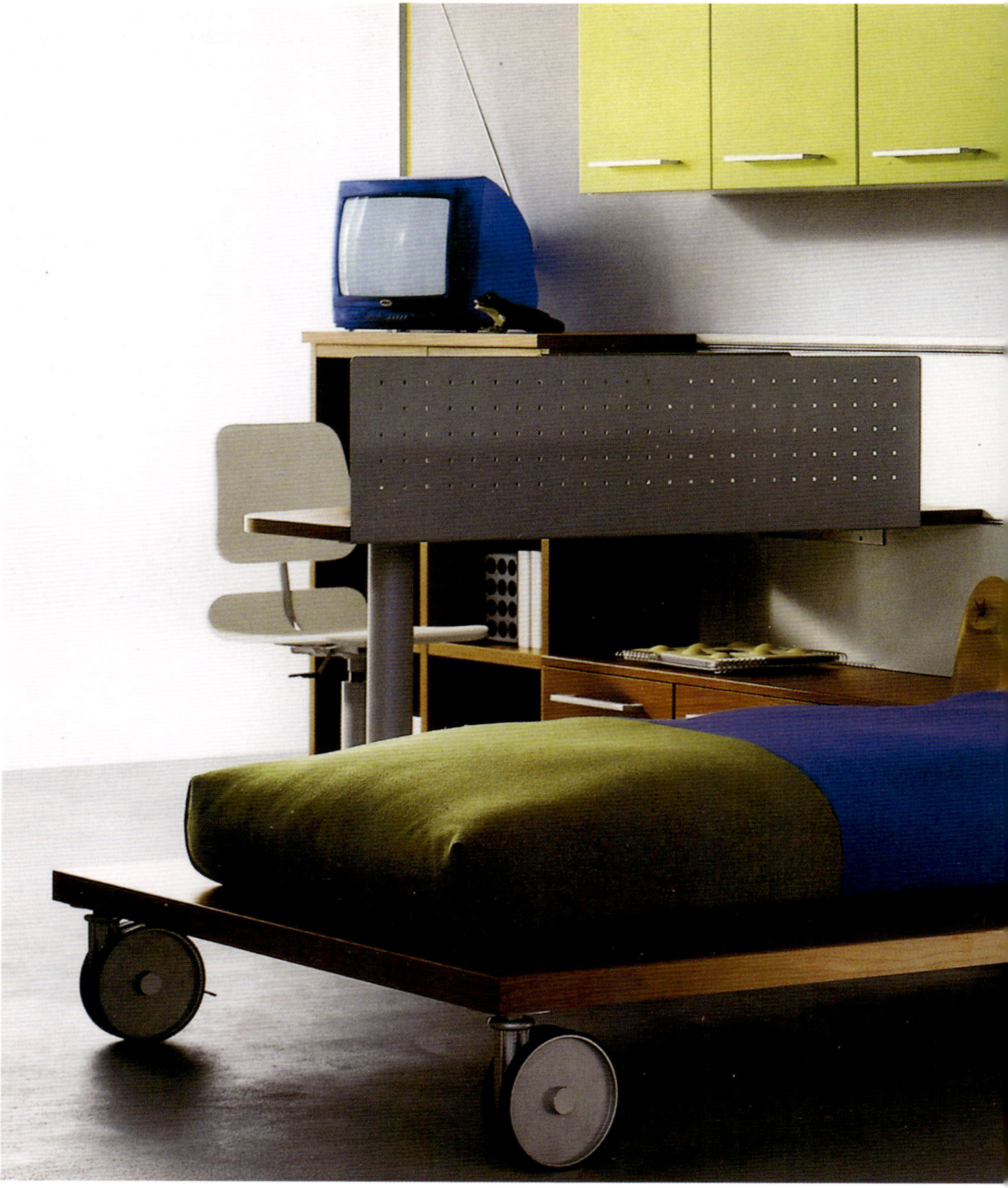

Para la habitación de un adolescente, la combinación de colores fríos como el verde y el azul logra crear un ambiente de sobriedad y descanso.

For a teenager's room, the combination of cool colours, such as green and blue, creates an atmosphere of sobriety and rest.

Per la camera di un adolescente, l'abbinamento di colori freddi, come il verde e l'azzurro, crea un ambiente di sobrietà e riposo.

Para o quarto de um adolescente, a combinação de cores frias como o verde e o azul consegue criar um ambiente sóbrio e tranquilo.

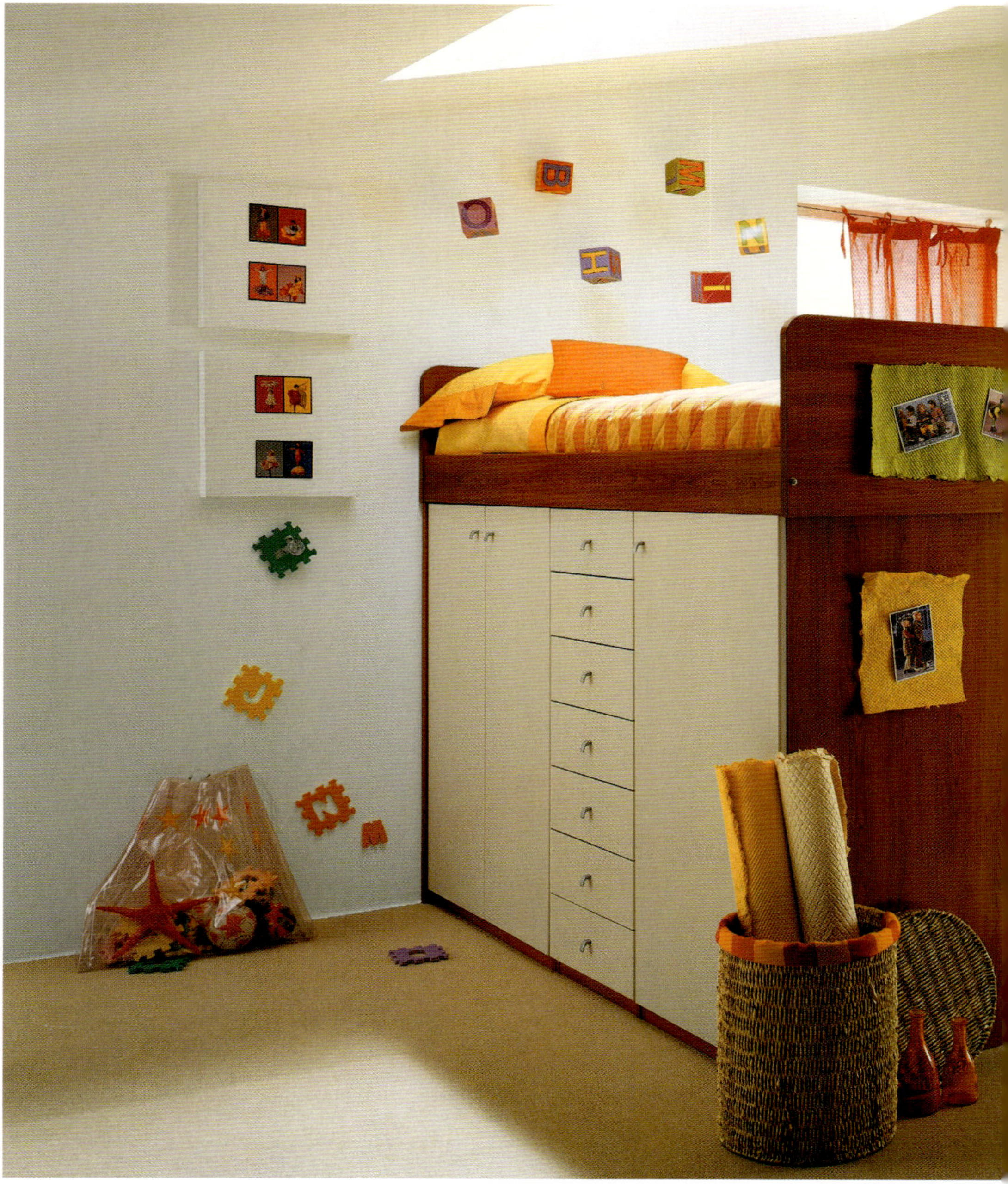

La vitalidad del color amarillo y la calidez del naranja, combinadas con detalles en verde, completan a la perfección la paz que transmite el blanco predominante, que además aporta luminosidad.

The vitality of the yellow and the warmth of the orange, together with green accents, combine perfectly with the atmosphere of peace created by the predominant white, which also brings brightness.

La vitalità del giallo e il caldo dell'arancione, abbinati a dettagli sul verde, completano alla perfezione la pace trasmessa dal bianco predominante che, per di più, conferisce luminosità.

A vitalidade do amarelo e o calor do laranja, combinados com pormenores a verde, completam na perfeição a paz transmitida pelo branco predominante, que além do mais confere luminosidade.

Orange and Yellow

La decoración monocromática de un ambiente infantil en color naranja le confiere un carácter activo, radiante y expresivo. Es un espacio estimulante que desprende energía y optimismo.

La decorazione monocromatica in arancione di un ambiente infantile conferisce un carattere attivo, radiante ed espressivo. Si tratta di uno spazio stimolante che sprigiona energia e ottimismo.

Decorating a child's room all in orange gives it an energetic, radiant and expressive character, making a stimulating space that emits energy and optimism.

A decoração monocromática de um ambiente infantil utilizando a cor laranja confere ao mesmo uma essência energética, radiante e expressiva. É um espaço estimulante que liberta energia e optimismo.

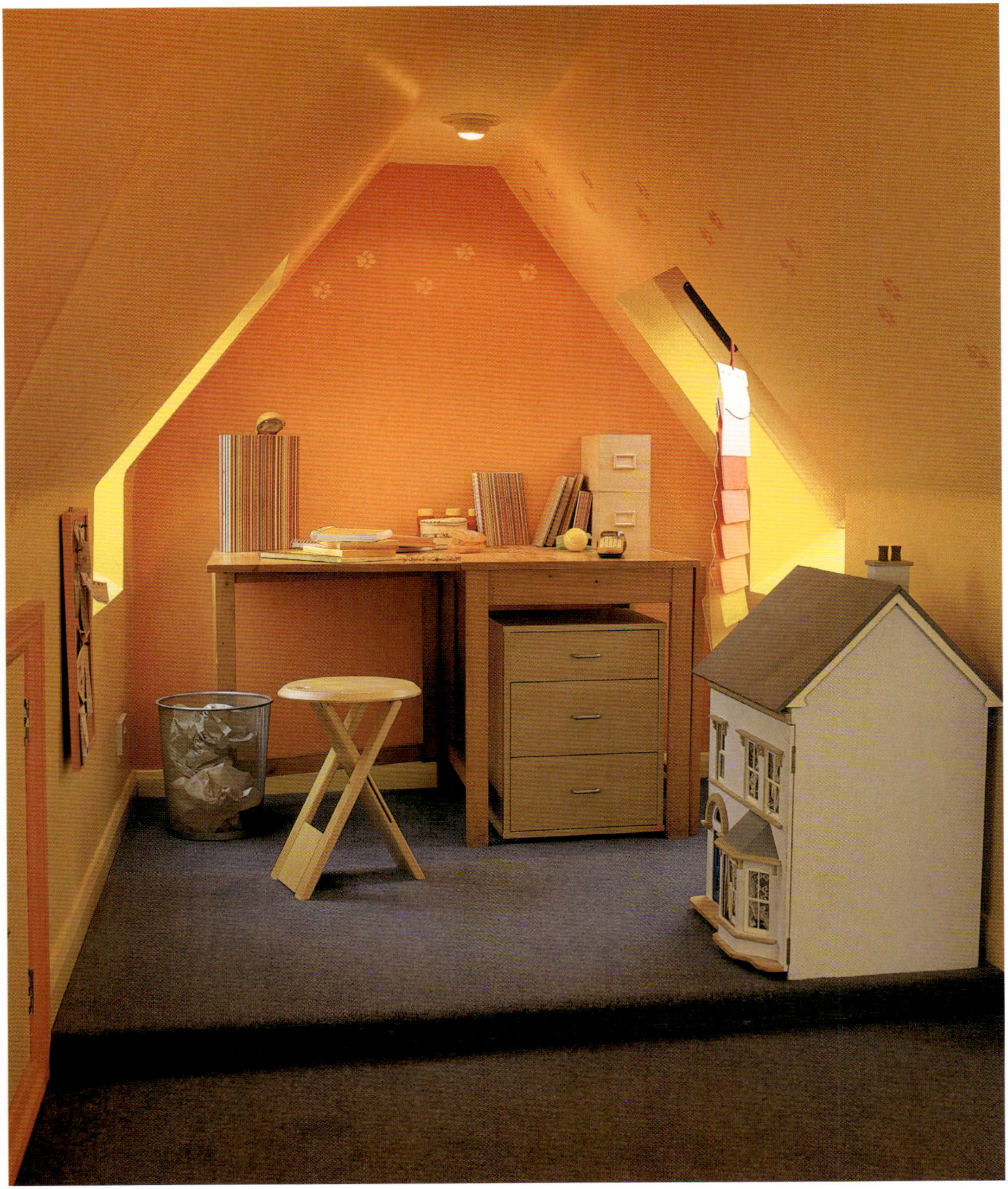

Para equilibrar y destacar su fuerza, el radiante naranja puede combinarse a la perfección con el blanco. Permite también potenciar accesorios y texturas de colores como el violeta y azul el marino.

Per equilibrare ed esaltare la forza di un arancione radiante è consigliabile abbinarlo al bianco. Il suo uso consente, inoltre, di mettere in risalto accessori e consistenze in tonalità viola e blu marino.

To balance and highlight its strength, bright orange can be combined perfectly with white. This also allows accessories and textures in colours like purple and navy to stand out.

Para equilibrar e realçar a sua força, o laranja radiante pode ser combinado na perfeição com o branco. Permite também dar destaque a acessórios e texturas de cores como o violeta e azul marinho.

Por su carácter dinámico y enérgico, el color naranja puede utilizarse tanto en una escala monocromática de texturas y matices como a modo de complemento para los colores neutros.

Owing to its dynamic and energetic character, orange can be used in a monochromatic scale of textures and shades to complement neutral colours.

Grazie al suo carattere dinamico ed energico, è possibile utilizzare l'arancione sia su una scala monocromatica di consistenze e sfumature, sia come complemento per i colori neutri.

Devido ao seu carácter dinâmico e enérgico, a cor laranja pode ser utilizada numa escala monocromática de texturas e matizes ou como complemento para as cores neutras.

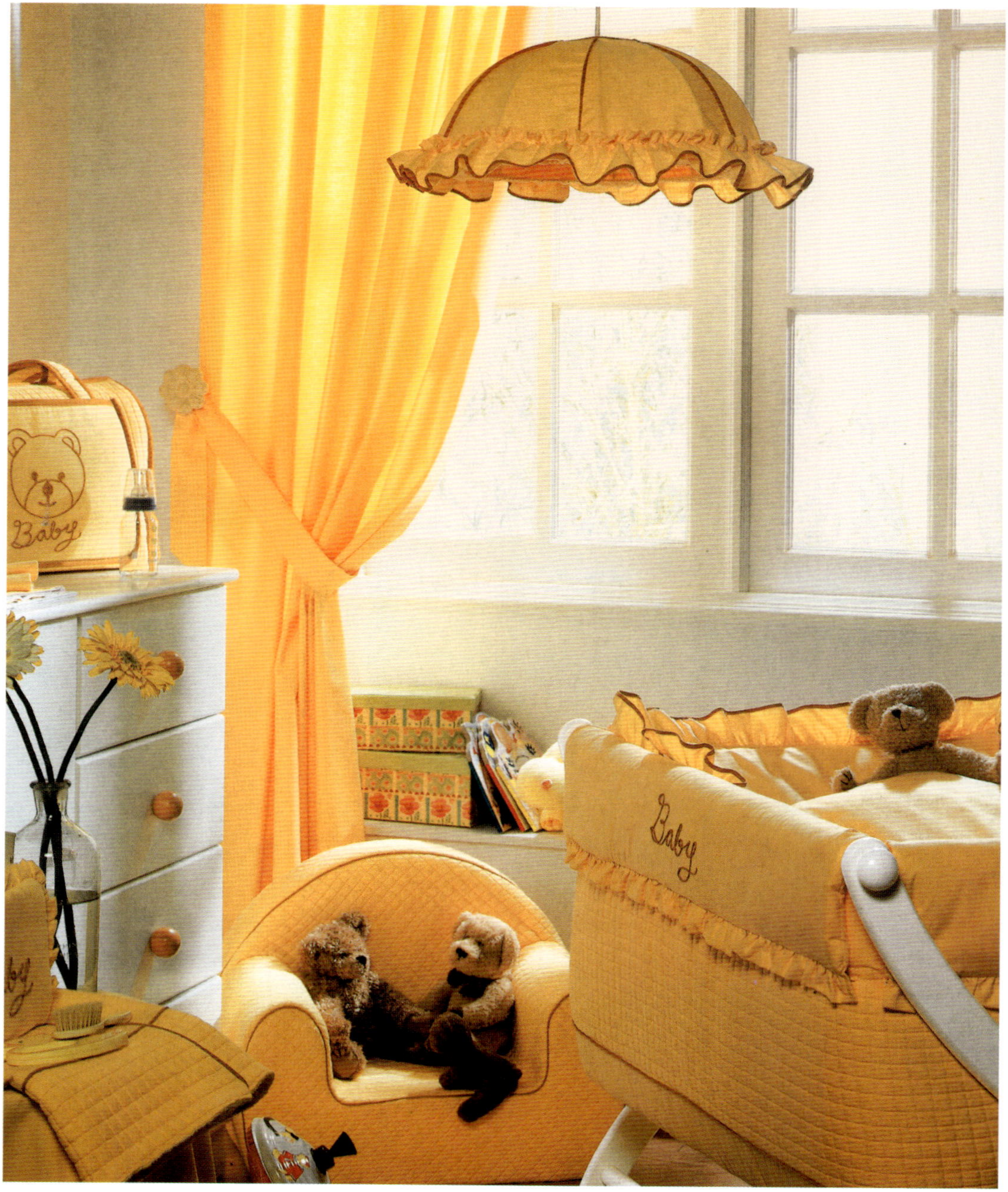
Baby
Baby

En estas habitaciones prima el color amarillo y, como material, la tela. Los accesorios, el mobiliario y las cortinas conforman una habitación llena de luz.

In these rooms, the colour yellow plays the key role together with fabric. The accessories, furniture and curtains fill the room with light.

In queste camerette il giallo e le stoffe sono gli elementi predominanti. Gli accessori, i mobili e le tende danno vita ad una cameretta piena di luce.

Nestes quartos reina a cor amarela e, como material, o tecido. Os acessórios, o mobiliário e as cortinas dão forma a um quarto repleto de luz.

Blue

El color azul, en toda su extensa gama cromática, transmite sensación de placidez. Es el color de lo infinito y de los sueños, y además significa descanso.

Il blu, e tutta la sua vasta gamma cromatica, trasmette tranquillità: è il colore dell'infinito e dei sogni e, per di più, invita al riposo.

Blue, in all its wide range of shades, conveys a sense of peacefulness. It is the colour of infinity and dreams, and also means rest.

A cor azul, em toda a sua extensa gama cromática, transmite uma sensação de tranquilidade. É a cor do infinito e dos sonhos, e também representa a serenidade.

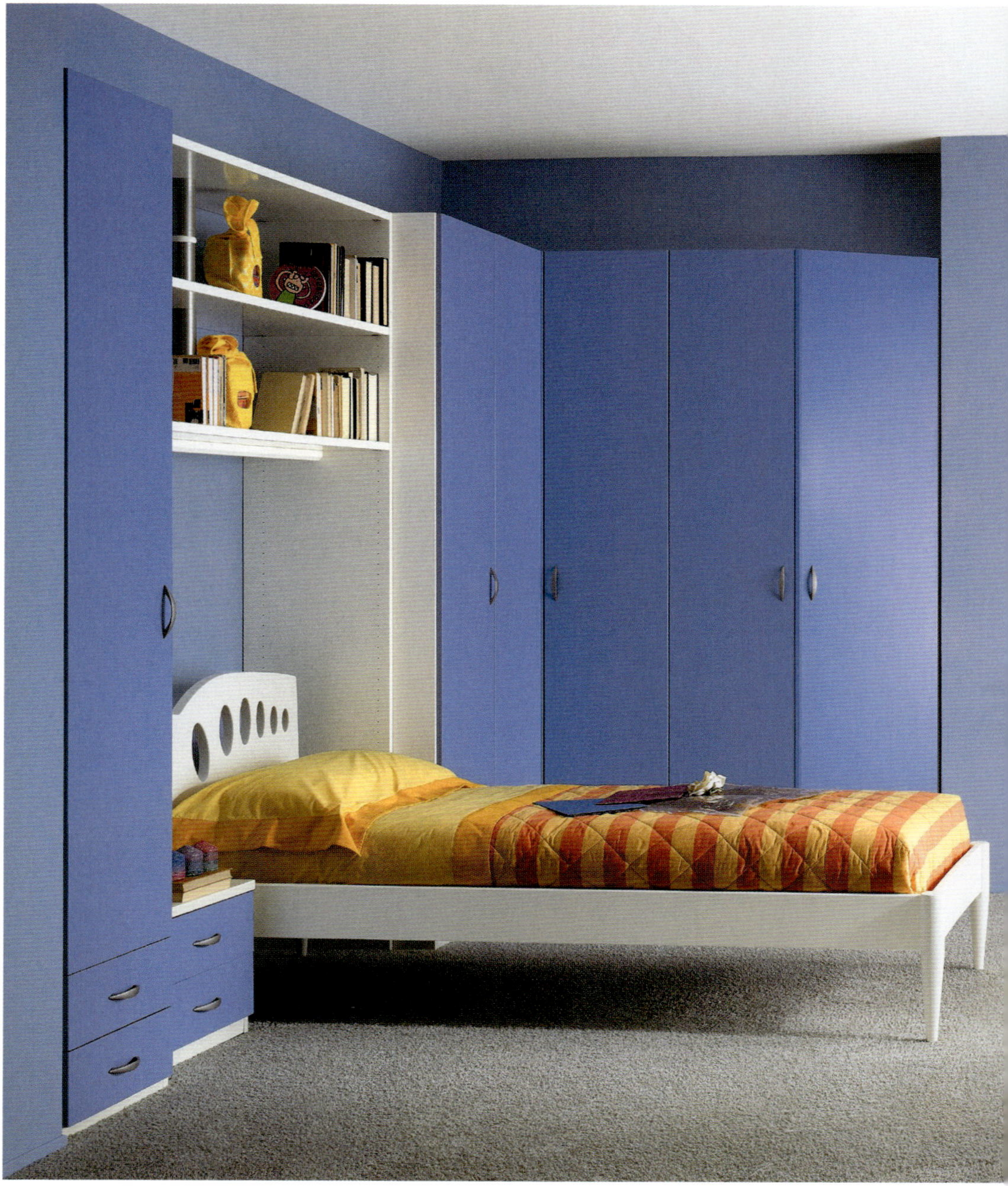

En esta habitación, un color frío como el azul es la base en las paredes, lo suelos y el armario. Su combinación con los colores opuestos de los accesorios logra un aire divertido.

In this room, a cool colour such as blue is the base colour on the walls, floors and wardrobe. Its combination with opposing colours in the accessories creates a fun effect.

In questa cameretta, un colore freddo come l'azzurro è la base delle pareti, del pavimento e dell'armadio. L'abbinamento con i colori opposti degli accessori conferisce all'ambiente un'aria sbarazzina.

Neste quarto, uma cor fria como o azul é a base nas paredes, no piso e no armário. A sua combinação com as cores opostas dos acessórios permite criar um ambiente divertido.

Pink

El color rosa transmite romanticismo. Ideal para espacios de niñas coquetas o atrevidas, según su matiz, los tonos más claros remiten a la calma, y aquellos más fuertes, a lo festivo.

Il rosa è il colore del romanticismo. È ideale per gli spazi di bambine civettuole o audaci, e secondo la tonalità, può invitare alla calma, le tonalità più chiare, o suggerire atmosfere festive, le tonalità più intense.

Pink conveys romance. It is ideal for spaces of flirty or daring girls, although it depends on the tone: lighter shades convey calm whereas stronger shades transmit fun.

A cor rosa transmite romantismo. Ideal para espaços de meninas tímidas ou atrevidas, conforme o seu matiz, as tonalidades mais claras remetem para a calma, e os mais fortes, para ambientes festivos.

En esta habitación, el rosa aparece sutil y cubre todo el espacio. Las bailarinas pintadas con suaves tonos rosados en la pared y el rosa más vivo de los cobertores generan armonía visual.

In this room, pink is subtle and covers the entire space. The dancers painted in soft shades of pink on the wall and the more vivid pink in the bedspread create a visual harmony.

In questa cameretta il rosa è delicato e riveste l'intero spazio. Le ballerine dipinte sulla parete con delicate tonalità rosate e il rosa più intenso dei copriletto crea armonia visiva.

Neste quarto, o rosa tem uma presença subtil e decora todo o espaço. As bailarinas pintadas com suaves tons de rosa na parede e o rosa mais vivo das colchas criam uma harmonia visual.

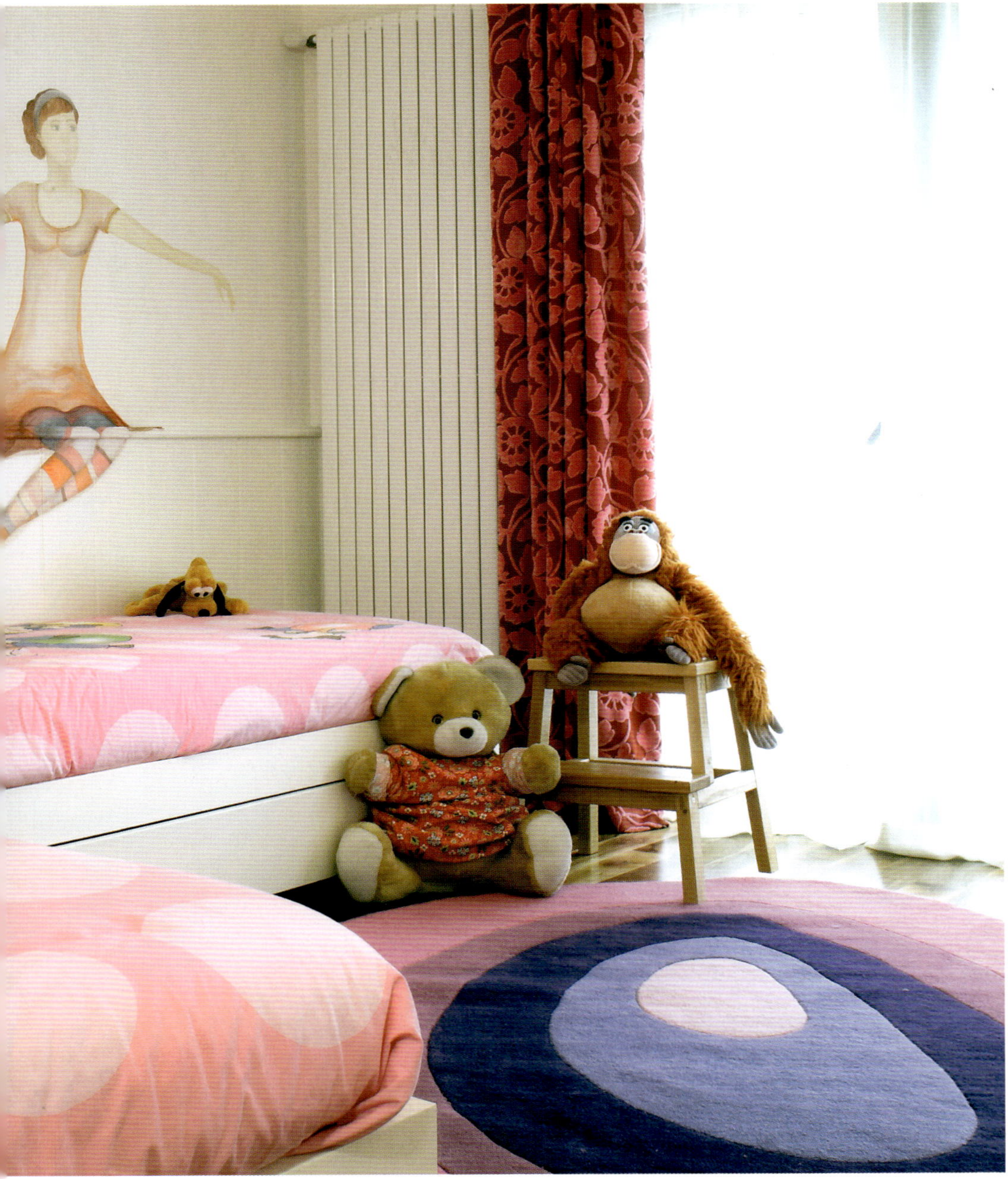

Green

En contraste con colores complementarios o en combinación con primarios, el verde otorga una base natural a la habitación. Genera un ambiente distendido para los niños y aporta un aire elegante.

Il verde, in contrasto con i colori complementari o abbinato a quelli primari, conferisce una base naturale alla cameretta. Crea un ambiente disteso per i bambini e conferisce un tocco di eleganza.

In contrast with complementary colours or in combination with primary colours, green is a natural base colour for a room. It creates a relaxed atmosphere for children and gives an air of elegance.

Em contraste com cores complementares ou em combinação com cores primárias, o verde confere um ar natural ao quarto. Dá origem a um ambiente descontraído para as crianças e transmite elegância.

En esta habitación reina la calma. La combinación de verde y blanco complementa a la perfección el caudal de luz y la calidez de los accesorios en tonos ocres.

Calm reigns in this room. The combination of green and white perfectly complements the flowing daylight and warmth of accessories in hues of ochre.

In questa cameretta regna la calma. L'abbinamento del verde col bianco completa alla perfezione il fascio di luce e il calore degli accessori in tonalità ocra.

Neste quarto reina a calma. A combinação de verde e branco complementa na perfeição o caudal de luz e o calor dos acessórios em tons ocres.

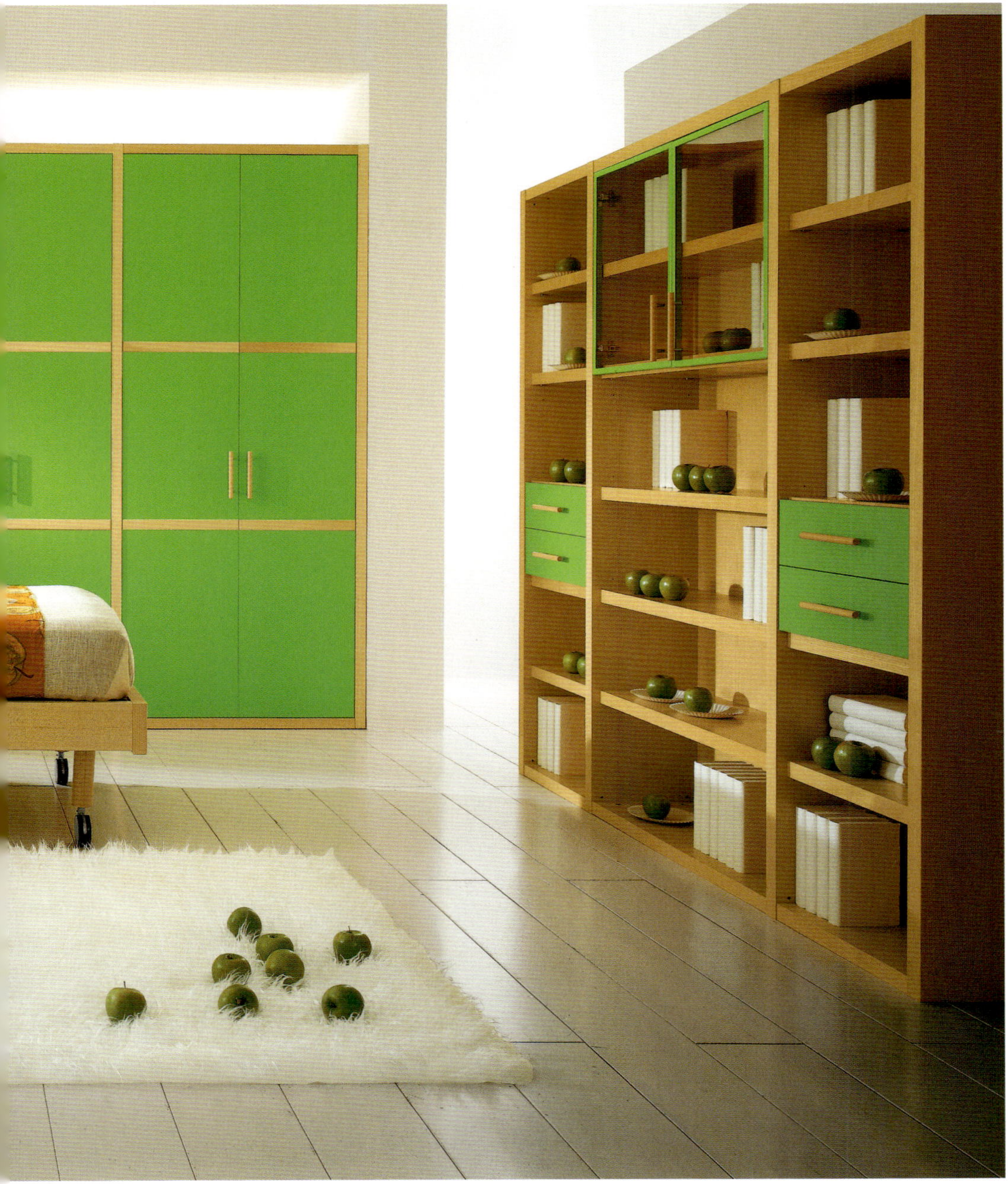

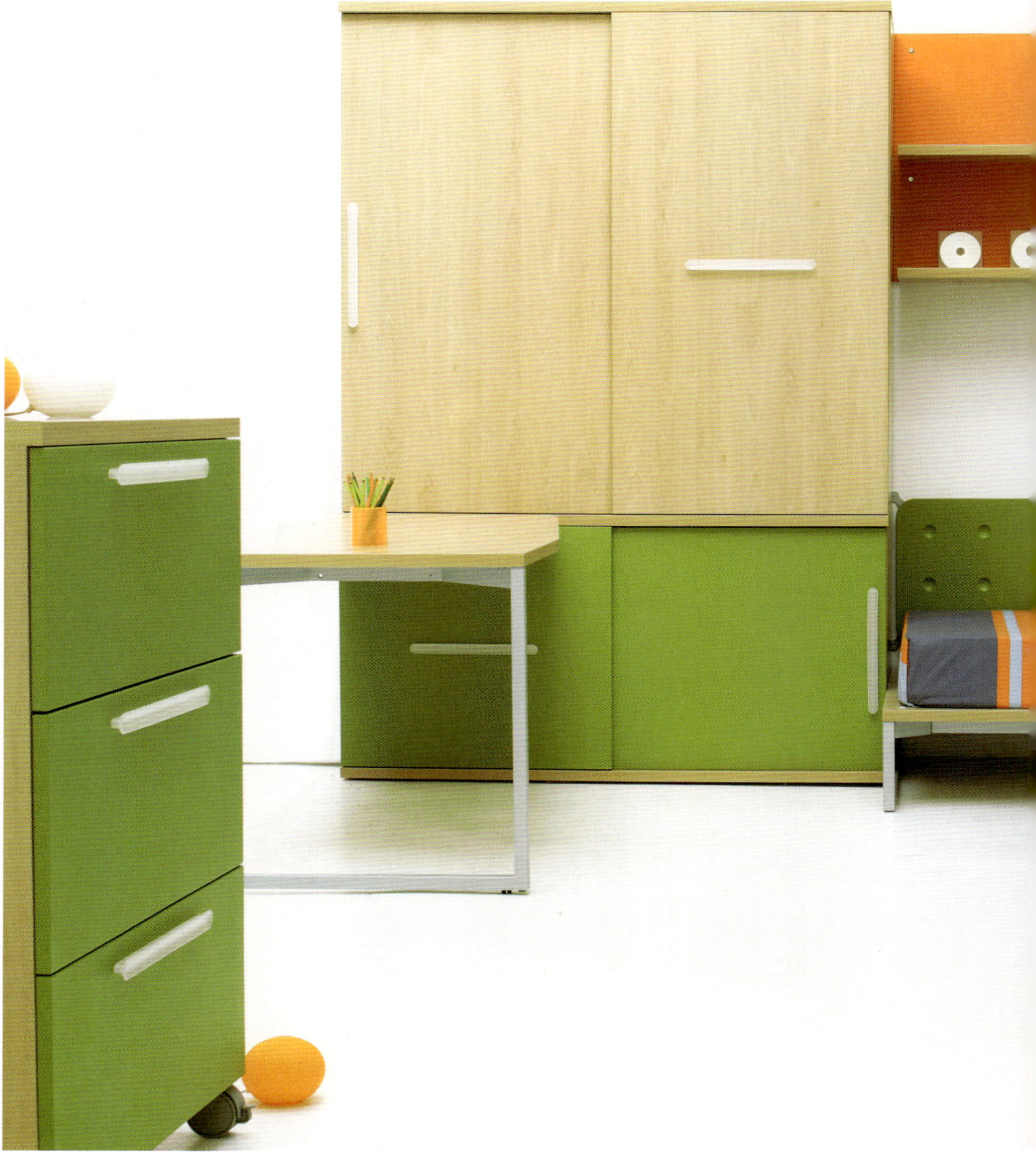

Acompañado del naranja, de la madera natural y de las formas del mobiliario, el verde conforma en esta habitación una paleta de color sencilla pero divertida.

Accompanied by orange, natural wood and the shapes in the furniture, the green in this room forms a simple yet fun colour palette.

Il verde, abbinato all'arancione, al legno naturale e alle forme dei mobili, dà vita in questa cameretta ad una tavolozza di colori semplice ma simpatica.

Em conjugação com o laranja, com a madeira natural e com as formas do mobiliário, o verde complementa neste quarto uma paleta de cor simples mas divertida.

Red

El color rojo, con blanco y negro, sugiere la alegría juvenil. Esto se puede contemplar en las habitaciones que utilizan esta clásica combinación de colores que viste de energía los ambientes.

Il rosso, assieme al bianco e al nero, invita all'allegria giovanile. È ciò che si prova nelle camerette in cui è stato utilizzata questa tonalità di colori classica che riveste di energia gli ambienti.

Red combined with black and white suggests youthful joy. This can be seen in rooms using this classic colour that imbues spaces with energy.

A cor vermelha, em conjunto com o branco e o preto, sugere a alegria juvenil. Esta característica está patente nos quartos que utilizam na sua gama de cores este tom clássico que transmite energia aos ambientes.

Con fucsia y naranja, la combinación del rojo en la habitación de esta niña desborda optimismo y vitalidad. Aunque algo saturado, se logra generar un ambiente muy estimulante y extrovertido.

The combination of pink, orange and red in this girl's room brims with optimism and vitality. Although the effect is intense, it creates a highly stimulating and extroverted space.

Il fucsia e l'arancione, abbinati al rosso, rendono la cameretta di questa bambina traboccante di ottimismo e di vitalità. Sebbene possa apparire alquanto saturo, si è riusciti a creare un ambiente molto stimolante ed estroverso.

O fúcsia e o laranja combinados com o vermelho no quarto desta menina emanam optimismo e vitalidade. Embora algo saturado, é possível gerar um ambiente muito estimulante e extrovertido.

Junto con blanco, el rojo ofrece a los niños un clima más apacible y armonioso. A través de múltiples combinaciones se puede equilibrar su intensidad y su fuerza con la pureza del blanco.

Il rosso, assieme al bianco, offre ai bambini un clima più tranquillo ed armonioso. Attraverso molteplici abbinamenti è possibile equilibrarne l'intensità e la forza con la purezza del bianco.

Together with white, red gives children a peaceful and harmonious atmosphere. Its intensity and strength can be balanced with the purity of white in a variety of combinations.

Em conjunto com o branco, o vermelho proporciona às crianças uma atmosfera mais amena e harmoniosa. Através de múltiplas combinações é possível equilibrar a sua intensidade e a sua força com a pureza do branco.

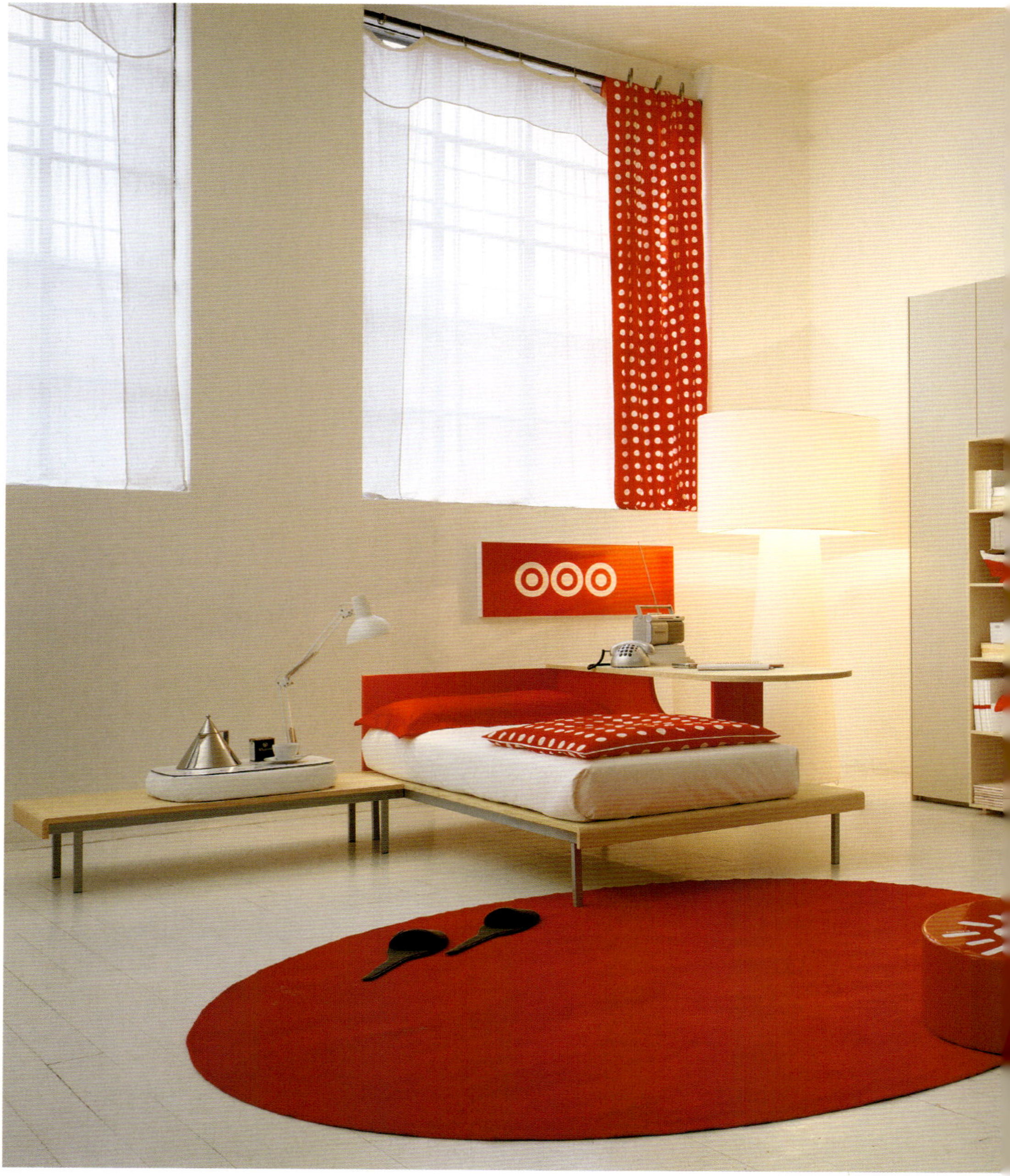

En esta habitación de niña, blanca y de grandes dimensiones, el rojo le da un toque de energía especial y divertido. Los accesorios en este tono cobran fuerza y protagonismo.

In this girl's room, which is predominantly white and large, red adds a splash of energy and fun. The red accessories in this shade give strength and stand out.

In questa cameretta per bambina, bianca e di grandi dimensioni, il rosso conferisce un tocco d'energia speciale e divertente. Gli accessori in questa tonalità di colore acquistano una maggiore forza e un maggior protagonismo.

Neste quarto de menina, branco e de grandes dimensões, o vermelho confere um toque de energia especial e divertido. Os acessórios neste tom ganham força e protagonismo.

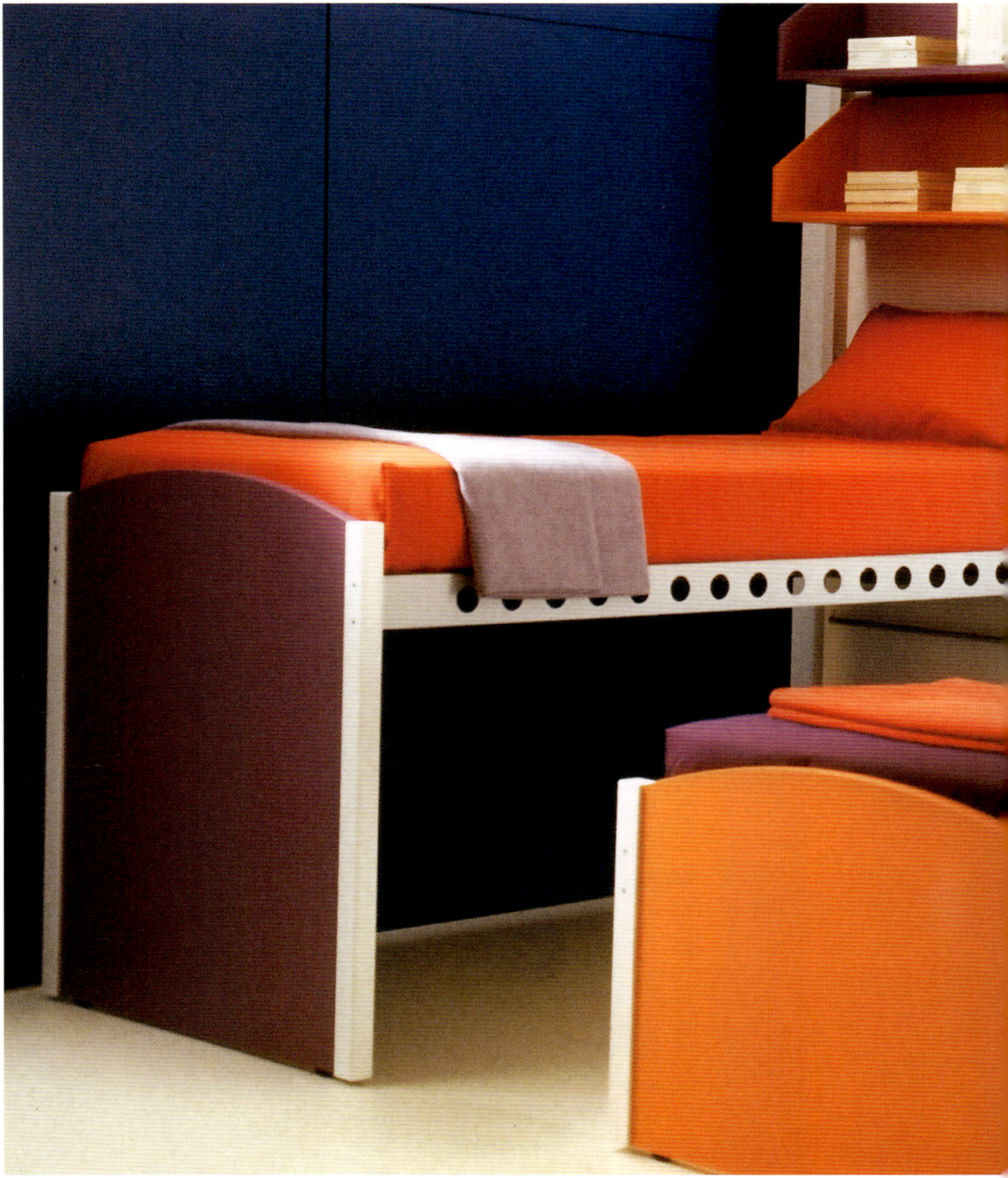

Para esta habitación llena de color y diversión, se han combinado dos colores cálidos, el rojo y el amarillo, con dos tonos fríos, el violeta y el azul.

For this room full of colour and fun, two warm colours, red and yellow, have been combined with two cooler ones, violet and blue.

In questa cameretta piena di colore e allegria, sono stati abbinati due colori caldi, il rosso e il giallo con due tonalità fredde, il viola e l'azzurro.

Para este quarto cheio de cor e alegria, foram combinadas duas cores quentes, o vermelho e o amarelo, com dois tons frios, o violeta e o azul.

Projects

El diseño y el mobiliario de las habitaciones infantiles y juveniles dependen siempre de la edad de los niños. En la habitación del lactante es importante procurar un ambiente tranquilo, así como una fácil regulación de la temperatura y la luz; en el cuarto de los niños pequeños es prioritario el uso óptimo del espacio existente como área de juego, mientras que en una habitación juvenil conviene crear una buena atmósfera de aprendizaje que le anime y le inspire. Por esta razón, el capítulo que sigue está estructurado en estas tres etapas diferenciadas, con soluciones específicas de diseño para cada una de ellas.

The design and furniture of a child's bedroom largely depends on the age of the child. Whereas a peaceful atmosphere with soft light and a controlled temperature is essential in a baby's room, in a small child's bedroom it is vital to take full advantage of the space to create a play area. A teenager's room, however, requires a layout in order to create a stimulating atmosphere conducive to study. For this reason, the following chapter is structured by age into three sections offering different design solutions.

Il design e gli oggetti delle stanze dei bambini dipendono sempre dall'età degli abitanti. Mentre per la stanza del bebè si apprezza soprattutto un ambiente tranquillo e una semplice regolazione della temperatura e della luce, nella stanza dei bambini piccoli é prioritario l'utilizzo ottimale dello spazio disponibile per giocare. Nell'arredamento della stanza dell'adolescente è invece importante creare un ambiente di studio piacevole per ispirare ed animare l'adolescente. Per presentare in modo differenziato le diverse soluzioni di design per ogni gruppo d'età, il seguente capitolo é suddiviso in tre parti.

O design e o mobiliário do quarto das crianças dependem sempre da idade dos seus habitantes. Enquanto que no quarto do bebé se valoriza sobretudo uma atmosfera tranquila, além de uma fácil regulação da temperatura e da luz, já no das crianças pequenas é preponderante a utilização ideal do local existente como um espaço para brincar e no de um jovem é importante criar uma boa atmosfera de aprendizagem que o anime e inspire. Por esta razão, o capítulo que se segue está estruturado em três etapas diferenciadas de acordo com a idade e apresentam, para cada uma delas, soluções de design diferentes.

Babies

Small Children

Teenagers

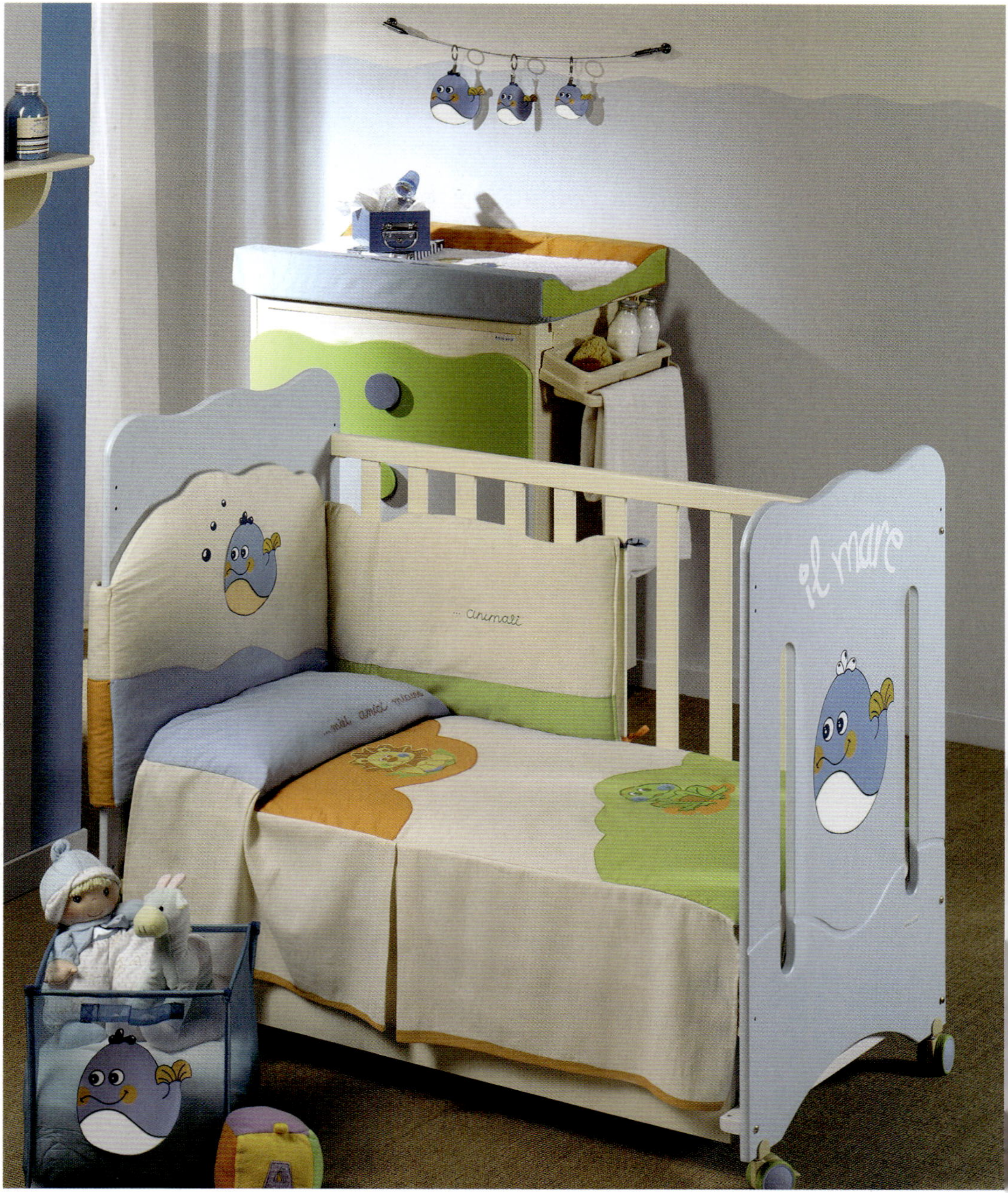
il mare
... animali

Babies

Para configurar la habitación del bebé se usan preferentemente tonos pastel cálidos, como azul claro, rosa, verde pálido o amarillo suave. La percepción sensorial de un niño de esta edad está en su primera fase de desarrollo y, en consecuencia, se debe evitar una estimulación óptica demasiado intensa. Por lo demás, sería oportuno mantener el lugar lo más despejado posible para facilitar el orden y la estricta higiene que requiere.

Nell'arredamento delle stanze dei bebè vengono preferiti i caldi colori pastello come l'azzurro, il rosa, il verdolino o un giallo tenue. A quest'età la percezione sensoria del piccolo si trova nella prima fase di sviluppo e quindi si deve rinunciare ad una stimolazione ottica troppo forte. Inoltre, sarebbe opportuno mantenere liberi i vari spazi al fine di poter garantire ovunque l'igiene necessaria.

Warm pastel colors, such as light blue, pink, pale green and light yellow are preferable in the design of baby's room. The sensorial perception of a child at this age is in its first stage of development and therefore intense optical stimulation should be avoided. The space should also be as empty as possible to ensure easy maintenance and strict hygiene.

Para configurar o quarto do bebé utilizam-se preferencialmente tons pastel quentes, como o azul claro, o rosa, o verde pálido ou o amarelo suave. A percepção sensorial de uma criança desta idade está na sua primeira fase de desenvolvimento e, por conseguinte, deve evitar-se uma estimulação visual demasiado intensa. Além disso, seria oportuno manter o lugar o mais despojado possível, para que se possa obter facilmente a higiene total necessária.

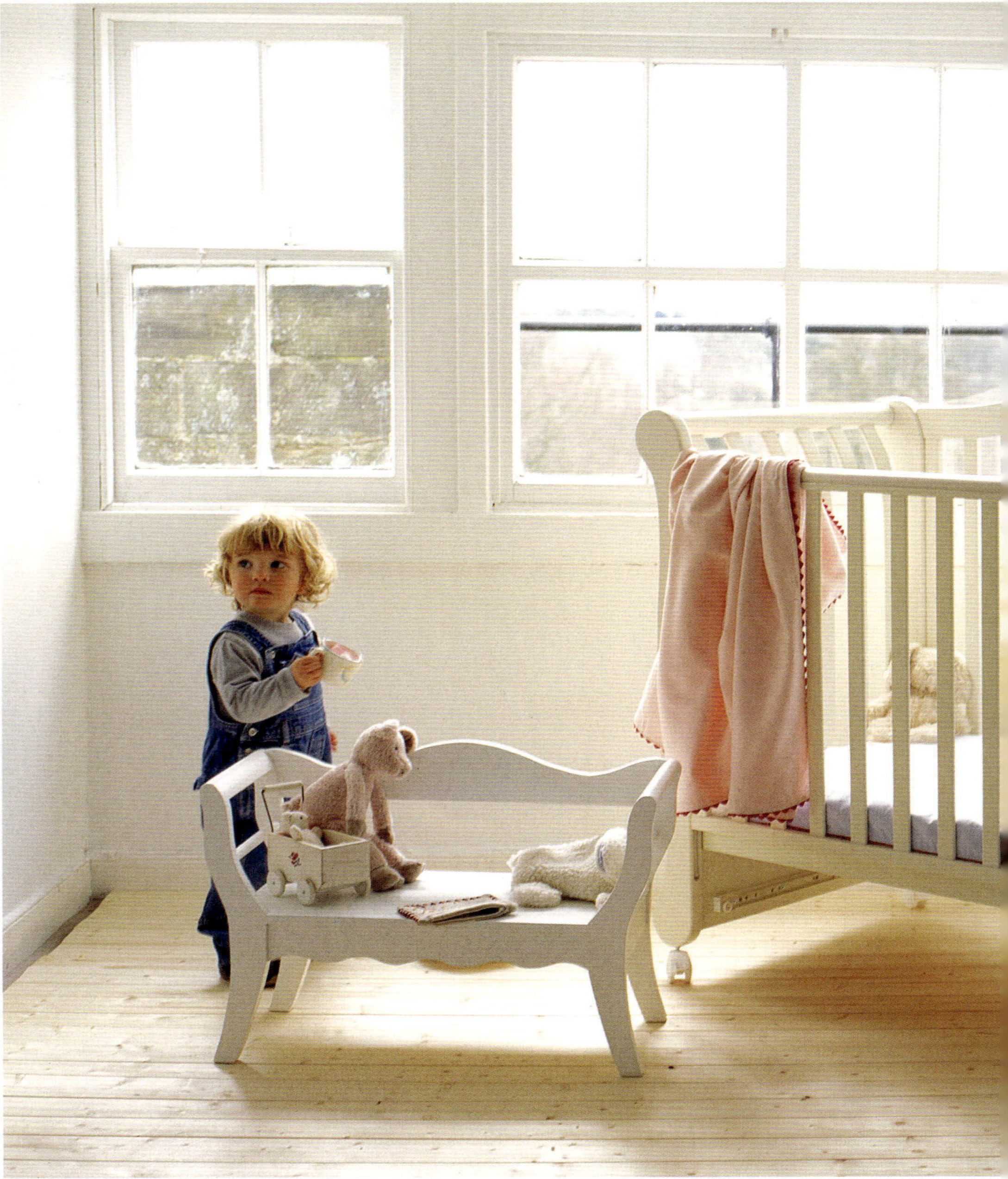

En esta habitación de bebé se aprovecha todo el caudal de luz y se persigue la máxima simplicidad. Cuenta con los elementos esenciales para el sueño y sencillos complementos.

This baby's room used makes good use of all the available daylighting and seeks maximum simplicity. It has the essential elements for sleep and simple accessories.

In questa cameretta per neonato si sfrutta la luce e si aspira alla massima semplicità. Presenta gli elementi essenziali per il sonno e dei semplici complementi.

Neste quarto de bebé há um aproveitamento total da luz bem como uma procura pela máxima simplicidade. É composto pelos elementos essenciais para o sono da criança e por alguns complementos simples.

Las cunas, protagonistas en cualquier habitación para bebé, se adecuan fácilmente al estilo de decoración si son de color blanco. En madera, ofrecen una mirada clásica a esta dulce etapa.

Cots, the central piece in any baby's room, fit easily in with any style of decoration if they are white. In wood, they give a classic look to this sweet stage of infancy.

Le culle, protagoniste di tutte le camerette per neonati, si adattano facilmente allo stile di decorazione se sono bianche. In color legno invitano, invece, ad una visione classica di questa dolce tappa.

As berços, protagonistas em qualquer quarto de bebé, adequam-se facilmente ao estilo de decoração caso sejam de cor branca. Os construídos em madeira, proporcionam uma atmosfera clássica a esta doce etapa.

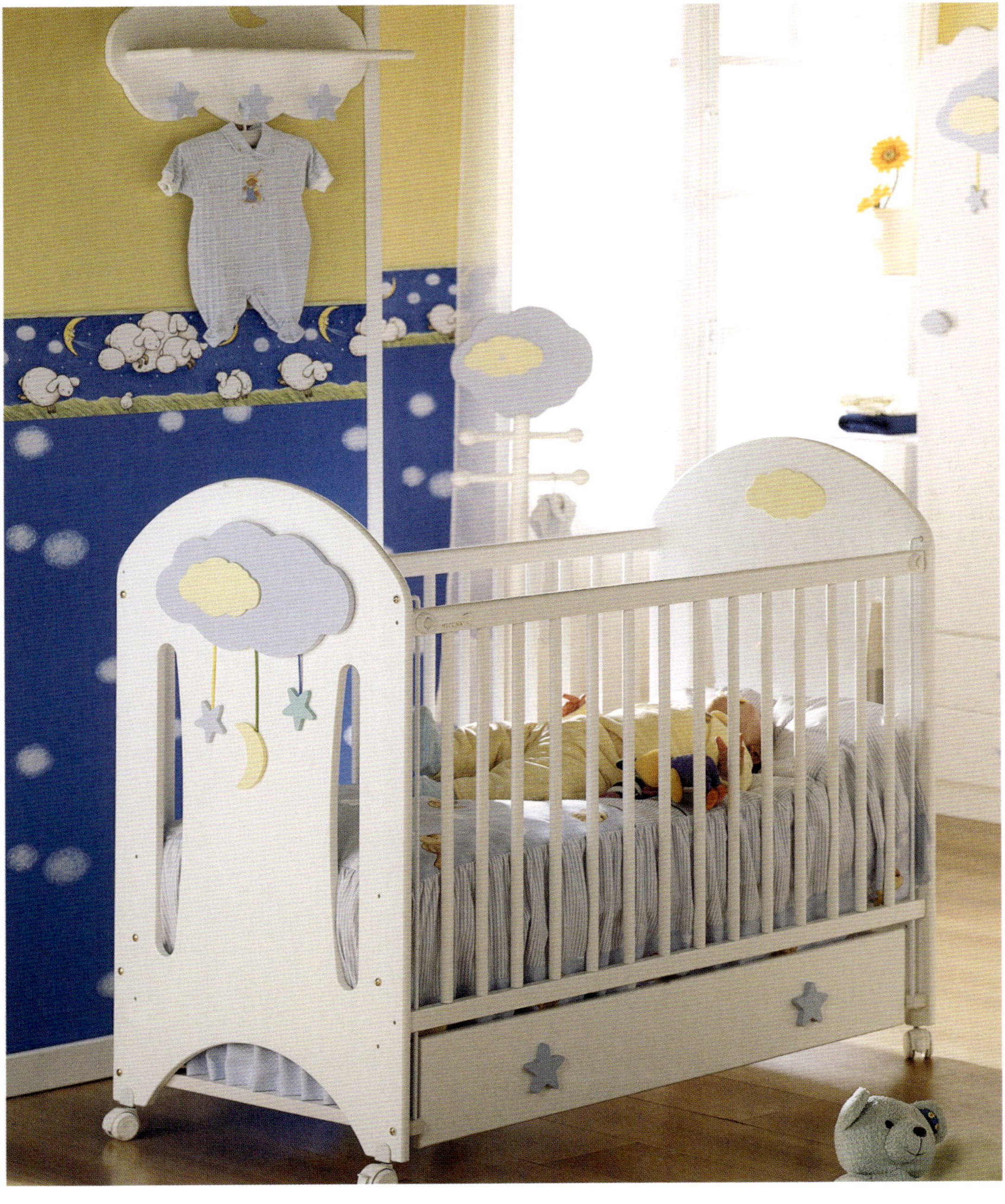

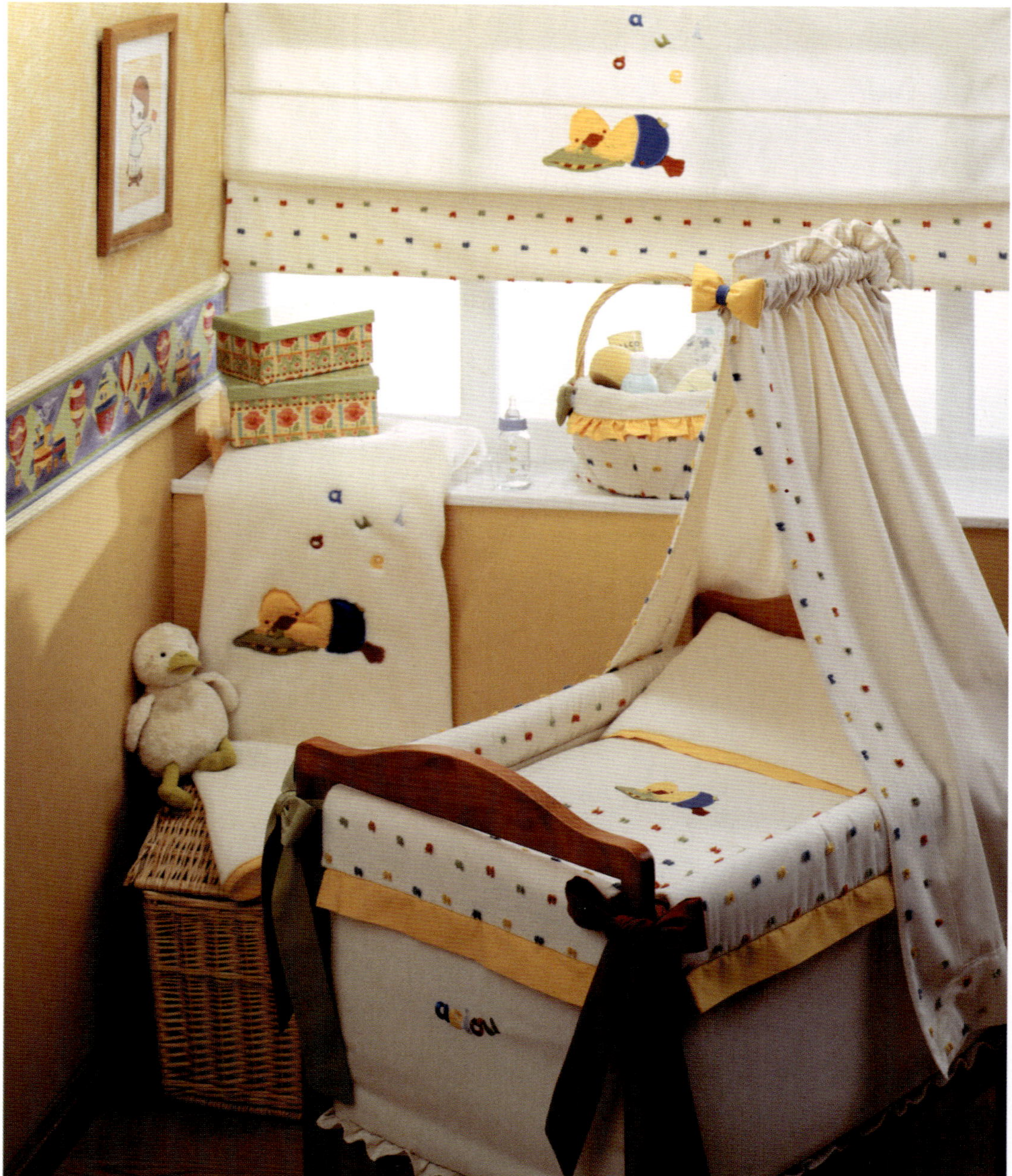

Es importante que tanto la ropita del bebé como los accesorios estén a mano y bien organizados. Aquí, el mobiliario y los complementos respetan los tonos y materiales del entorno.

It is important that baby clothes and the accessories are at hand and well-organised. Here, the furniture and accessories blend in with the colours and materials in the room.

È importante che, sia i vestitini del neonato, che gli accessori siano a portata di mano e ben organizzati. In questo caso i mobili e i complementi rispettano le tonalità e i materiali dell'intero contesto.

É importante que tanto a roupinha do bebé como os acessórios estejam acessíveis e bem organizados. Aqui, o mobiliário e os complementos respeitam os tons e materiais do espaço.

Baby's Paradises

La madera y los tonos amarronados son los protagonistas de este rincón, donde se colocó una butaca para comodidad de la madre en el momento de alimentar a su bebé.

Il legno e le tonalità tendenti al marrone sono le protagoniste di quest'angoletto, dove è stata sistemata una poltrona perché la madre si sieda comodamente durante l'allattamento del neonato.

Wood and brownish tones are the protagonists in this corner where a chair has been placed for the comfort of the mother when nursing her baby.

A madeira e os tons acastanhados são os protagonistas deste espaço, onde foi colocada uma poltrona para comodidade da mãe no momento de alimentar o seu bebé.

Un perchero de barras y en acero deja la ropa a la vista para tener un fácil acceso. El cambiador, de madera y tela, incorpora espacio para el almacenaje de los productos de higiene.

A steel clothes rail gives visibility to clothes and makes them readily available. The changing unit, made from wood and fabric, includes spaces for storing hygiene products.

Un appendiabiti in acciaio con gli abiti in vista per un più facile accesso, il fasciatolo in legno e stoffa dispone di spazi per sistemare i prodotti per l'igiene del neonato.

Um cabide de barras em aço mantém a roupa à vista para permitir um acesso fácil. O fraldário, em madeira e tecido, contém espaço para arrumação dos produtos de higiene.

Abajo, un pequeño armario para guardar los accesorios y perfumes y un perchero, esta vez realizado en madera.

Bottom, a small unit for storing accessories and perfumes and a rack, this time made from wood.

Sotto, un piccolo armadio per conservare gli accessori e i profumi e un appendiabiti, questa volta in legno.

Em baixo, um pequeno armário para guardar acessórios e perfumes e um cabide, desta feita construído em madeira.

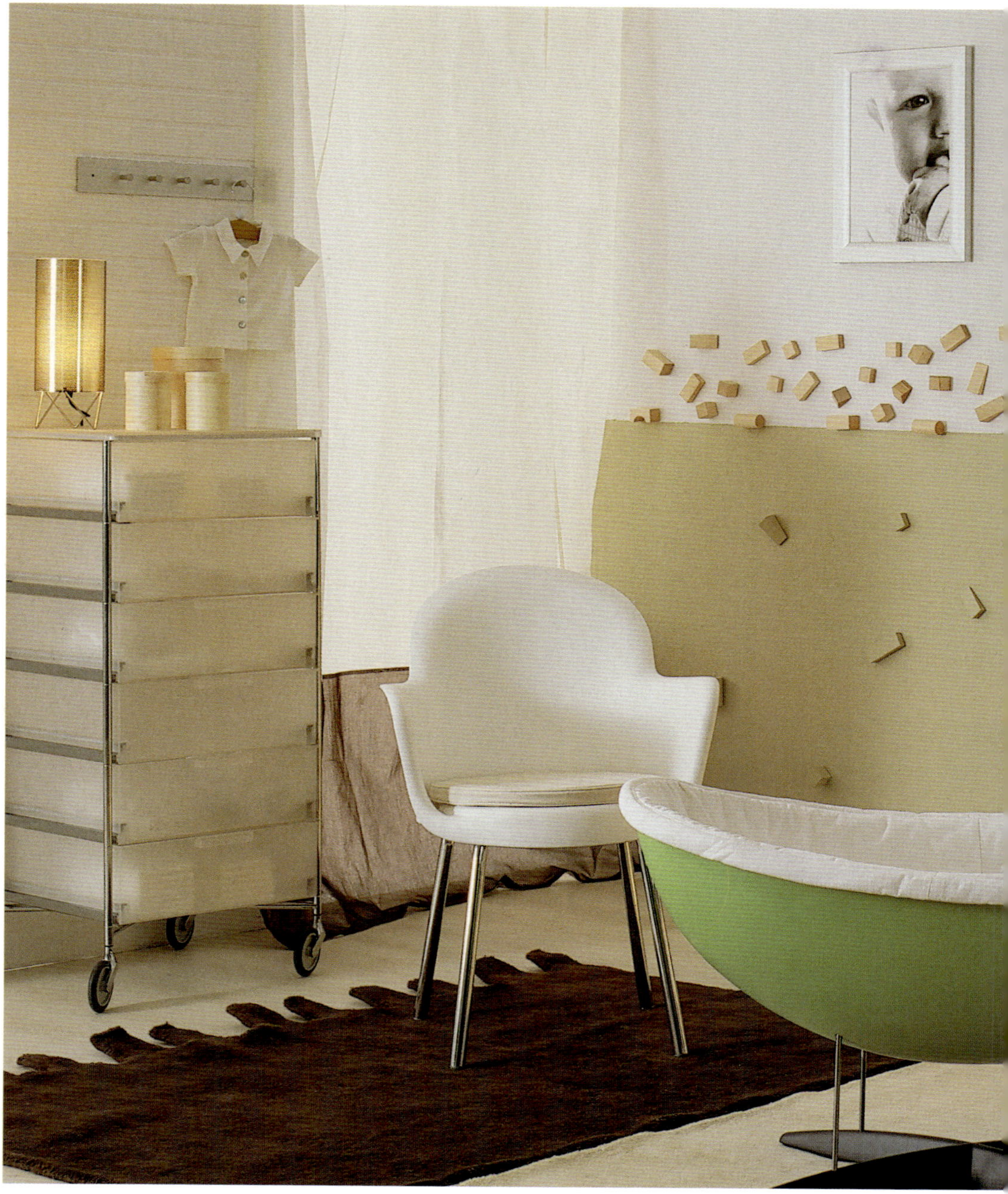

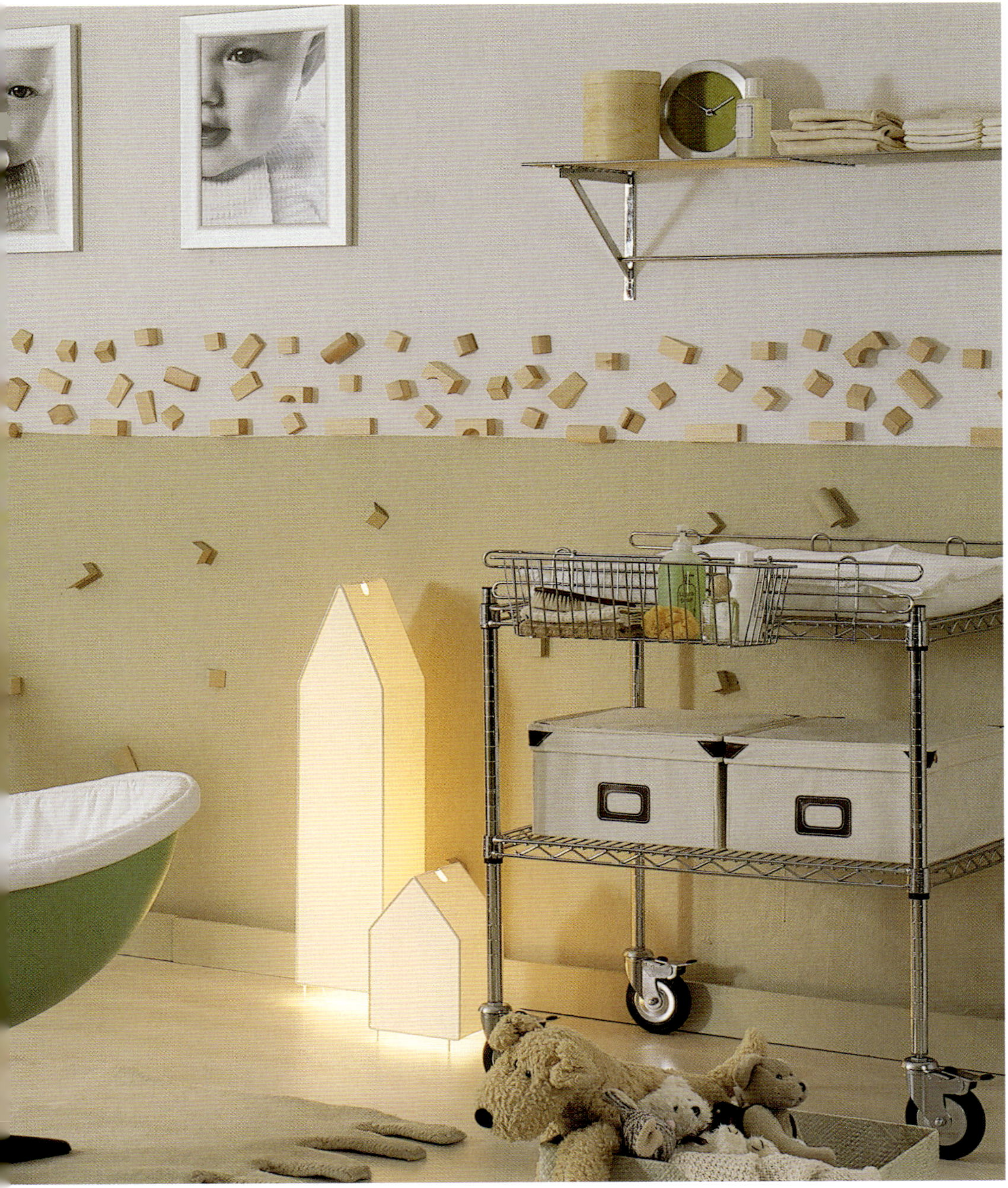

Nature

Esta habitación cuenta con un baño donde poder asear al bebé de forma cómoda en un ambiente cálido gracias a la imagen de la pared frontal y el suelo de madera.

Questa cameretta dispone di un bagno dove poter lavare comodamente il neonato in un ambiente caldo grazie all'immagine della parete ed al pavimento in legno.

This room has a bathroom where baby can be bathed in comfort in a warm environment created by the image on the back wall and the wooden floor.

Este quarto dispõe de uma casa de banho onde é possível dar banho ao bebé de forma cómoda num ambiente quente graças à imagem da parede frontal e ao piso em madeira.

La cuna de madera y el armario están rodeados de una arboleda bien iluminada. La fotografía de un bosque se aplicó del techo al suelo y de lado a lado, para que el bebé contemple la naturaleza.

The wooden cot and wardrobe are surrounded by a well-lit forest. The forest photograph was applied from floor to ceiling and wall to wall so that baby can contemplate nature.

La culla in legno e l'armadio sono circondati da un albereto ben illuminato. La fotografia di un bosco occupa l'intera parete, dal soffitto al pavimento, da un lato all'altro della cameretta, perché il neonato possa contemplare la natura.

O berço em madeira e o armário estão rodeados por um arvoredo bem iluminado. A fotografia de um bosque foi aplicada desde o tecto até ao solo e de um lado ao outro, para que o bebé contemple a natureza.

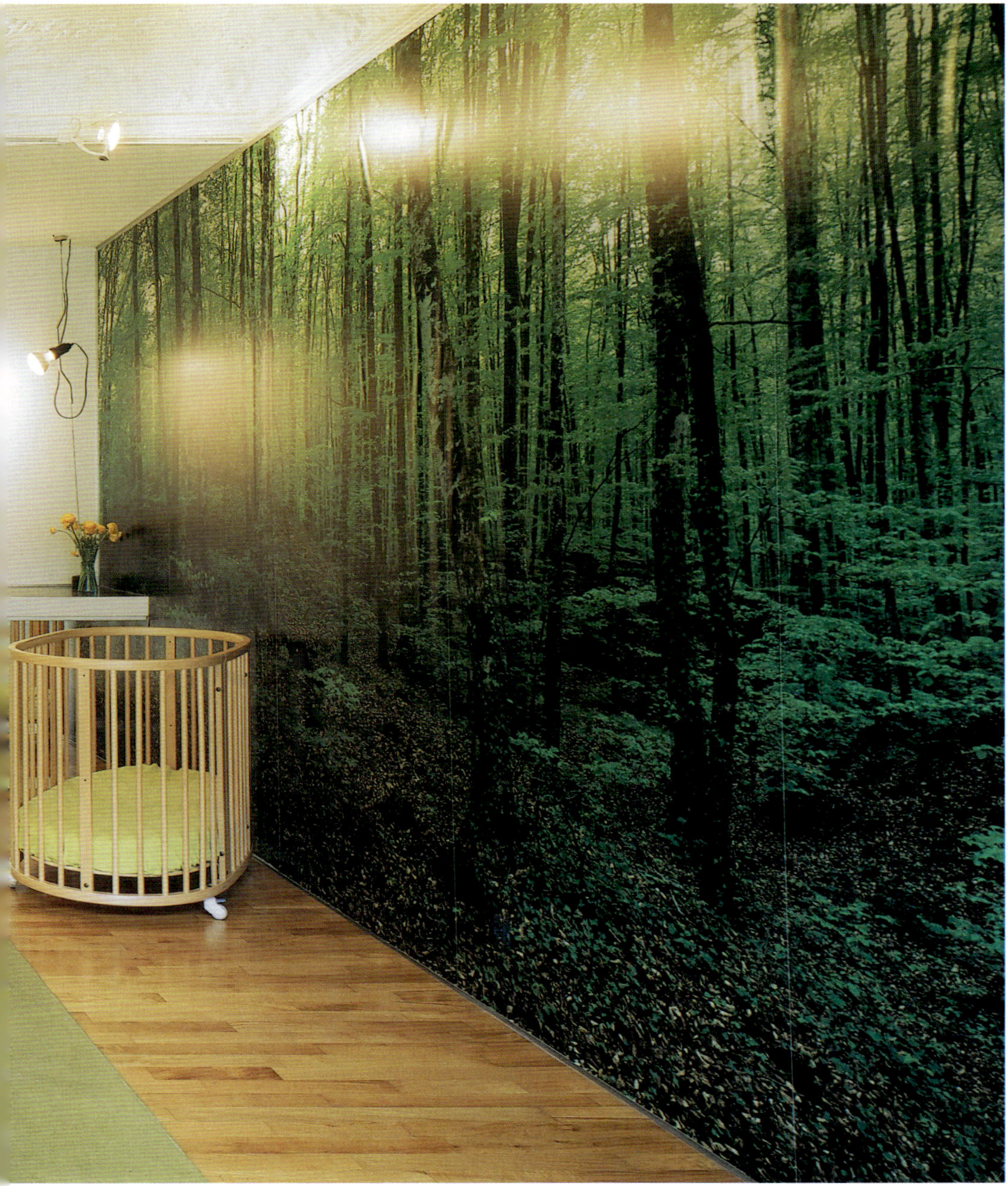

Pastel Colors

Los tonos pastel son ideales para los recién nacidos. Tanto la ropa de cama como los peluches y el sofá rosa suavizan la decoración del ambiente.

Le tonalità pastello sono ideali per i neonati. La biancheria, i peluches e il divano rosa alleggeriscono la decorazione dell'ambiente.

Pastel shades are ideal for newborns. The bedding, stuffed animals and pink sofas soften the décor of the environment.

Os tons pastel são ideais para os recém-nascidos. Tanto a roupa de cama como os peluches e o sofá rosa suavizam a decoração do ambiente.

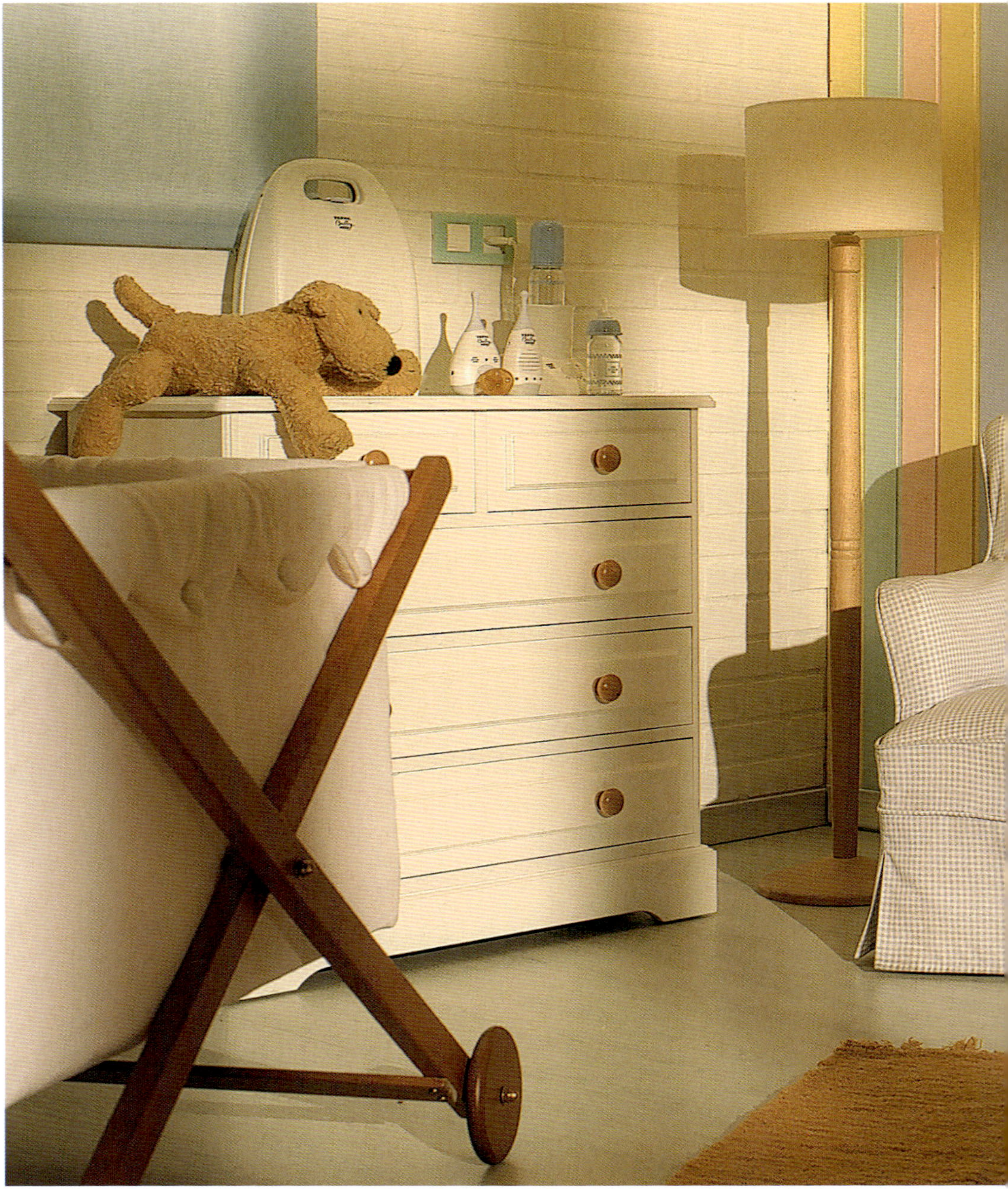

Para enmarcar esta decoración de tonos pastel, el principal elemento es la construcción de una pared con madera pintada en franjas amarillas, verdes, rosas y azules.

To surround this décor scheme in pastel tones, the main element is a wood panelling was painted in yellow, green, pink and blue.

Per incorniciare questa decorazione con tonalità pastello, l'elemento principale è la costruzione di una parete in legno dipinto a strisce gialle, verdi, rosa e azzurre.

Para enquadrar esta decoração em tons pastel, como principal elemento, foi concebida uma parede em madeira pintada com faixas amarelas, verdes, rosas e azuis.

Blue Harmony

Un cuarto azul desprende tranquilidad y calma. Mediante el uso del color se puede generar un ambiente que ayude a conciliar el sueño de los bebés.

A blue room conveys calm and tranquillity. Colour can be used to create an ambience that helps babies to sleep.

Una cameretta azzurra sprigiona tranquillità e calma. Il sapiente uso del colore permette di creare ambienti che aiutano a conciliare il sonno dei neonati.

Um quarto azul transmite tranquilidade e calma. Através do uso da cor é possível criar um ambiente que seja favorável ao sono dos bebés.

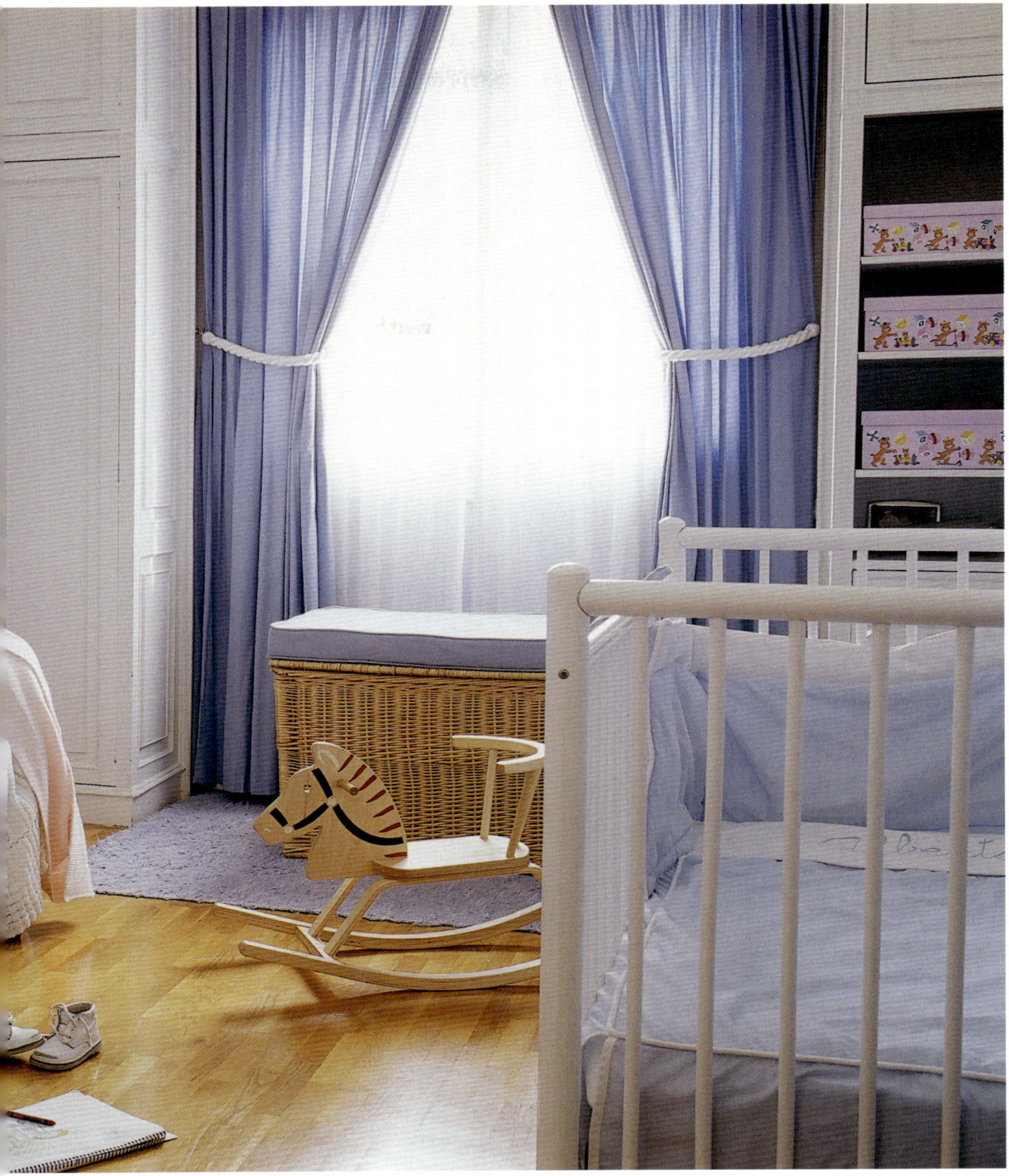

En el momento de dar los primeros pasos, una pequeña mesa y una silla junto a un silloncito son elementos prácticos que ayudan al niño a aprender a caminar en su cuarto.

When babies take their first steps, a small table and chair next to an armchair are practical items to help little ones to learn to walk in their room.

Al momento dei primi passi, un tavolino, una piccola seggiola e un divanetto sono dei pratici elementi che aiutano il bambino ad apprendere a camminare nella sua cameretta.

No momento de dar os primeiros passos, uma pequena mesa e uma cadeira junto a uma poltrona são elementos práticos que ajudam a criança a aprender a caminhar no seu quarto.

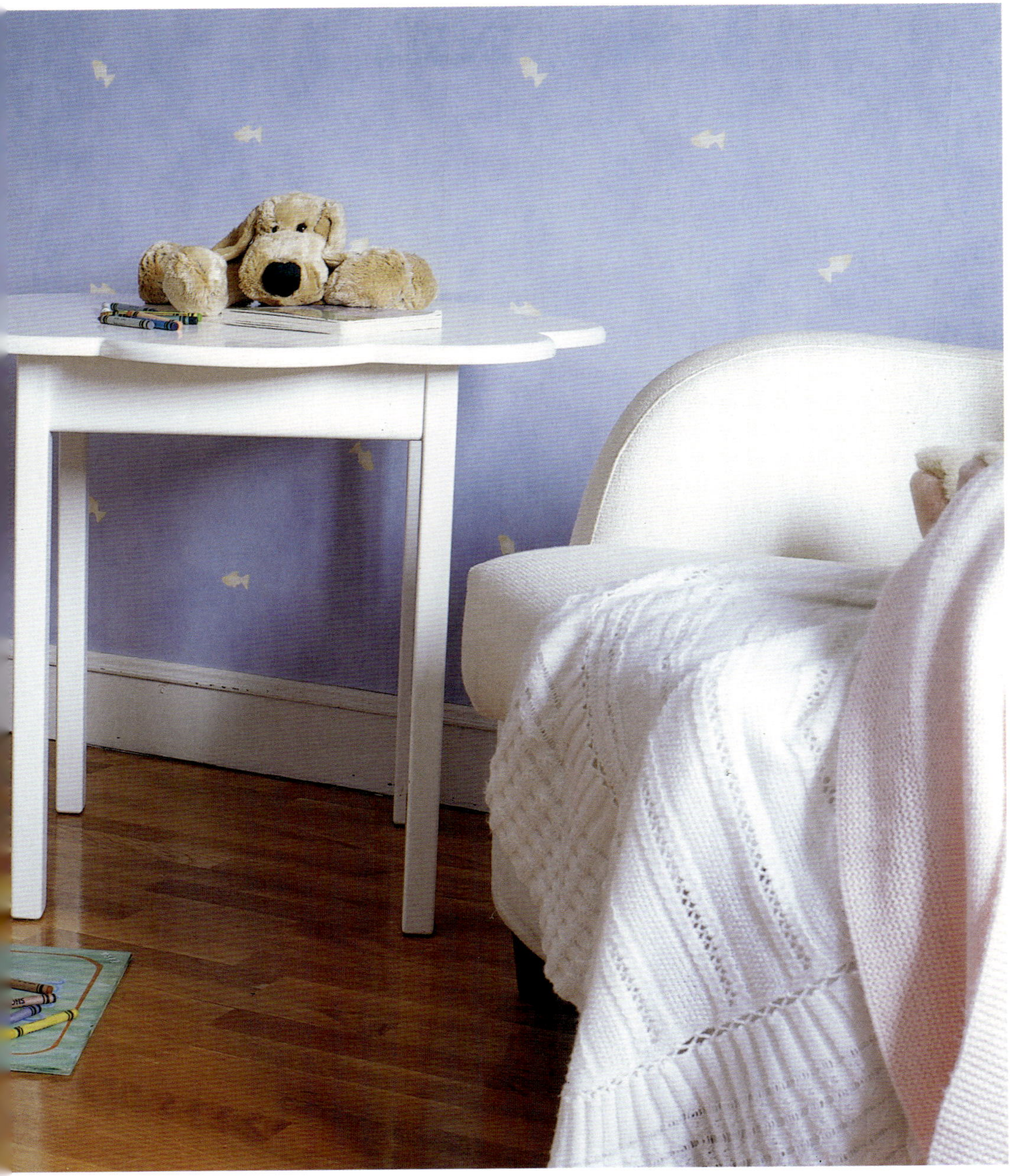

Fun Boxes

A medida que el bebé crece, se acumulan los accesorios, la ropita y los juguetes. Para preservar el orden, estos cajones son una solución con buen gusto.

Man mano che il neonato cresce, si accumulano accessori, vestitini e giocattoli. Per conservare l'ordine le scatole rappresentano una soluzione di buon gusto.

As baby grows, accessories, clothes and toys are accumulated. To keep order, these drawers are an attractive solution.

À medida que o bebé cresce, acumulam-se os acessórios, a roupinha e os brinquedos. Para manter a ordem, estas gavetas são uma solução de bom gosto.

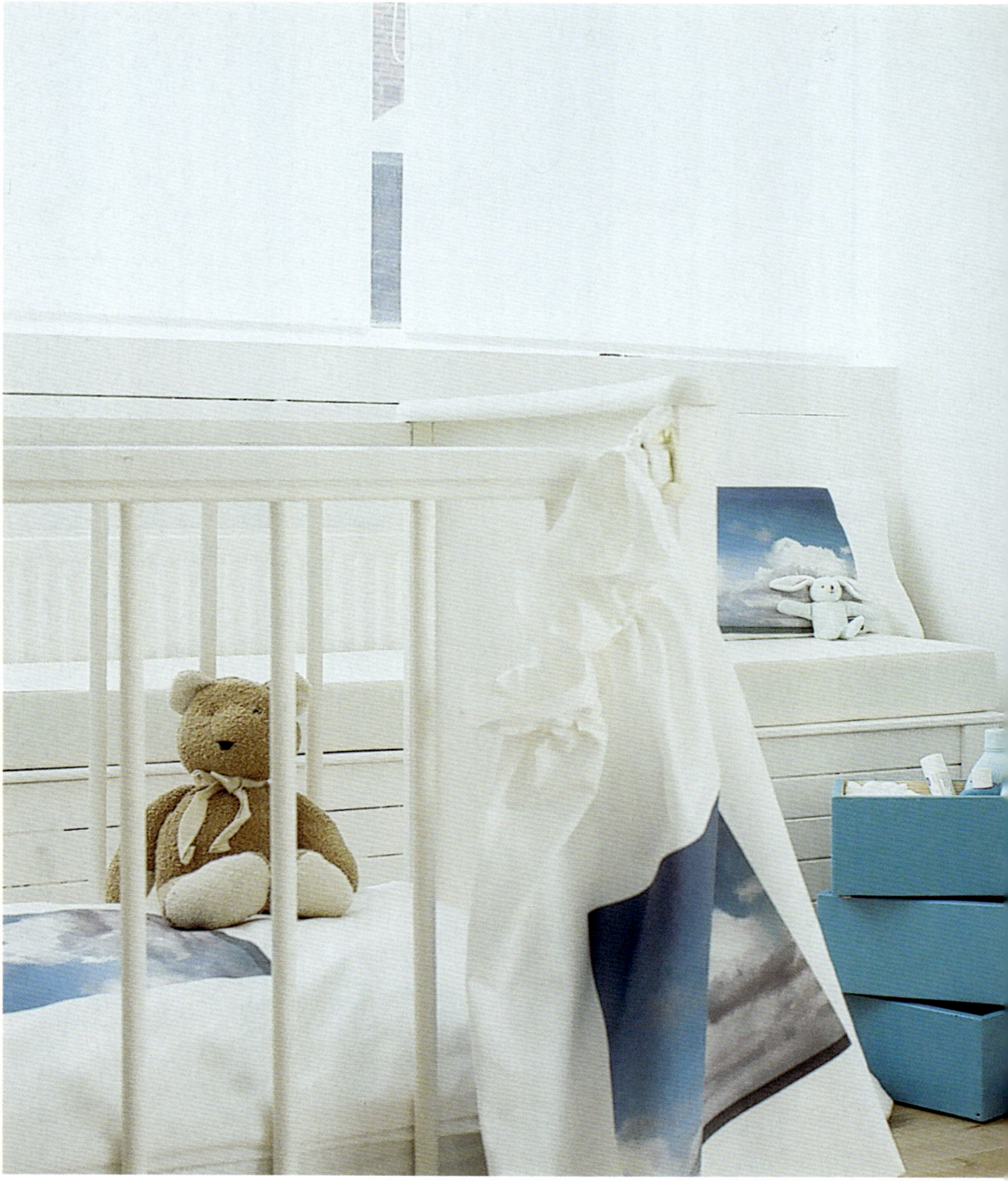

Como complemento de las cajoneras con letras, se incorporaron cajones móviles de color turquesa y bolsas de tela estampadas con una imagen del cielo, en combinación con la colcha de la cuna.

To complement the lettered drawers, turquoise boxes and fabric bags in a sky print were scattered around, combined with the cot quilt.

Quale complemento delle cassettiere decorate con le lettere, s'inseriscono cassetti mobili color turchese e sacche fantasia con un'immagine del cielo, abbinate alla coperta della culla.

Como complemento destas gavetas com letras, são incorporadas gavetas móveis de cor turquesa e sacos de tecido estampados com uma imagem do céu, em combinação com a colcha do berço.

Princess

Si queremos que el bebé se sienta como una princesa, estos alegres cuartos temáticos utilizan en las telas y las paredes la gama cromática del rosa y el violeta, junto con simpáticos y dulces dibujos.

Se vogliamo che il neonato si senta a suo agio queste allegre camerette a tema sono l'ideale, infatti, mentre stoffe e pareti ricorrono alla gamma cromatica del rosa e del viola ritroviamo qua e là simpatici e teneri disegni.

If we want baby to feel like a princess, these cheerfully themed rooms use a range of pinks and purples in the fabrics and walls, together with cute pictures.

Se se pretende que a bebé se sinta como uma princesa, estes alegres quartos temáticos utilizam nos tecidos e nas paredes a gama cromática do rosa e o violeta, em conjunto com desenhos alegres e doces.

Aquí, el mobiliario de madera se pintó de rosa y blanco. La mesita y la cama tienen apliques de coronas también de madera.

Here, the wooden furniture was painted pink and white. The crown appliqués on the table and bed are also from wood.

Qui i mobili in legno sono stati dipinti in rosa e bianco. Il comodino e il letto sono stati abbelliti con applicazioni in legno a forma di corona.

Aqui, o mobiliário em madeira foi pintado de rosa e branco. A mesinha e a cama têm apliques de coroas também em madeira.

Las paredes y muebles –en rosa y blanco– se han decorado además con dibujos de estrellas, castillos y la caricatura de una simpática reina. La lámpara colgante y el velador son de tela con volados.

Le pareti e i mobili –in rosa e bianco– sono stati decorati per di più con disegni di stelle, castelli e la caricatura di una simpatica regina. La lampada da soffitto e la lampada sono in stoffa con volant.

The walls and furniture – in pink and white – are also decorated with drawings of stars, castles and a caricature of a cute queen. The hanging lamp and bedside lamp are ruffled.

As paredes e os móveis – em rosa e branco – foram decorados também com desenhos de estrelas, castelos e com a caricatura de uma simpática rainha. O candeeiro suspenso e o candeeiro da mesa de cabeceira são em tecido com folhos.

Warm Atmosphere

Para lograr la calidez de estos ambientes se recurrió a la madera. A la izquierda, un mueble clásico reciclado con tiradores de color. En esta página, una cama-cuna de madera virgen.

Per rendere caldi questi ambienti si è fatto ricorso al legno. A sinistra, un mobile riciclato con tiranti colorati. In questa pagina, un lettino-culla in legno massello.

Wood was used to achieve the warmth of these rooms. On the left, a classic piece of furniture with recycled coloured handles. On this page, there is a crib-bed of virgin wood.

De forma a conseguir obter a atmosfera quente destes ambientes foi utilizada madeira. À esquerda, um móvel clássico reciclado com puxadores coloridos. Nesta página, uma cama-berço em madeira virgem.

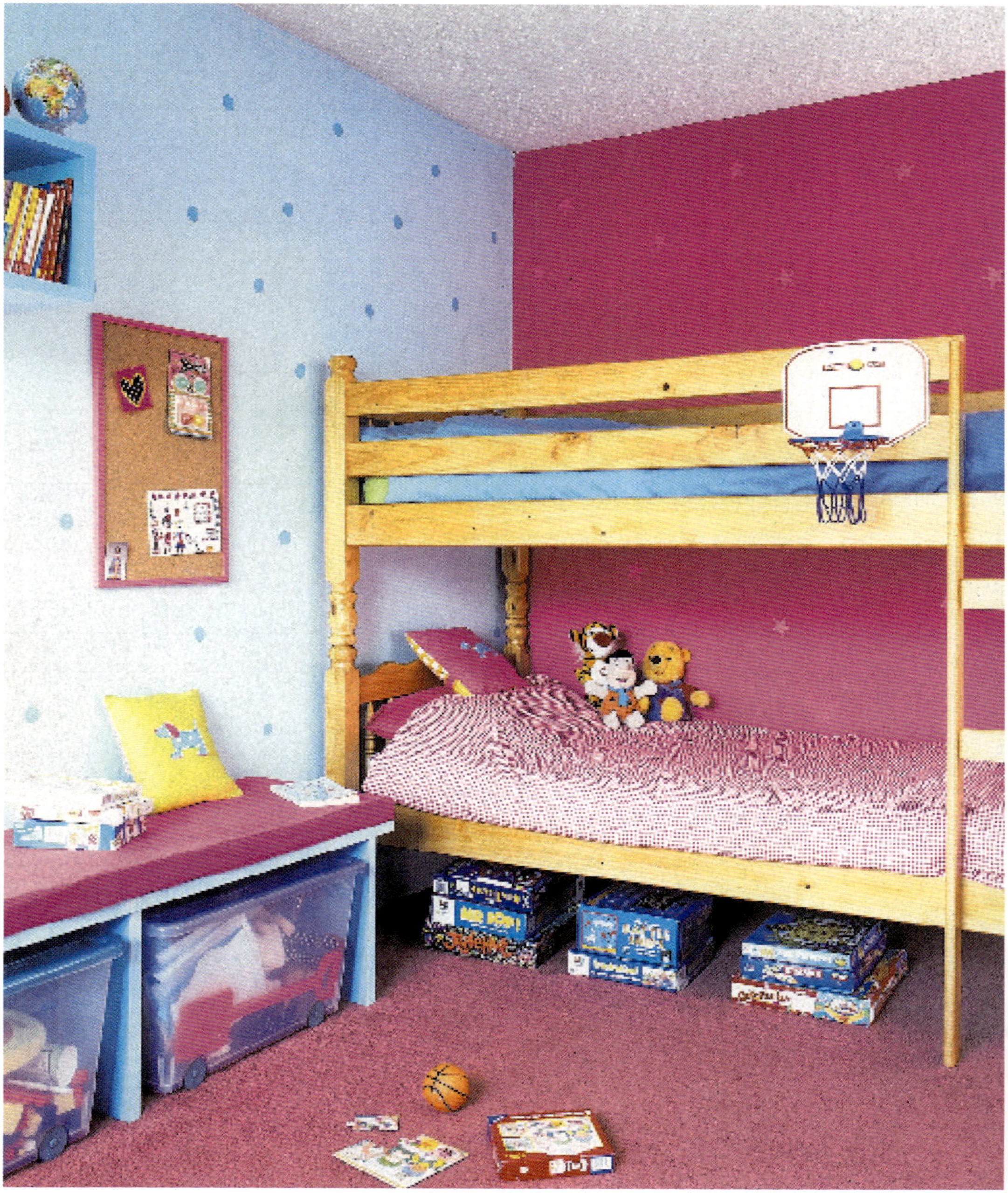

Small Children

En esta edad crece el sentimiento de autonomía e iniciativa propia, y el niño pequeño explora su entorno jugando. Debería disponer, pues, de suficiente espacio para poder jugar sin obstáculos. La colocación de pizarras o superficies para pintar contribuye a fomentar la creatividad del niño y además puede cumplir una función decorativa. El espectro de colores en la habitación de los pequeños estará dominado por tonos fuertes y alegres.

It is at this age that children develop their sense of independence and initiative by exploring their surroundings through play. It should therefore be a big enough space for them to play without obstacles. Blackboards or drawing surfaces serve to build the child's creativity while also serving a decorative function. The chromatic range of a small child's bedroom should be dominated by bold, bright colors.

A quest'età cresce il sentimento di autonomia e di iniziativa propria: il piccolo scopre il proprio mondo giocando e quindi dovrebbe disporre dello spazio necessario per giocare indisturbato. Anche l'utilizzo di lavagne e spazi da colorare è una possibilità per promuovere sia la creatività del bambino che per compiere una funzione decorativa. Lo spettro cromatico della stanza del piccolo viene dominato da toni forti ed allegri.

Nesta idade cresce o sentimento de autonomia e de iniciativa individual e a criança pequena explora o seu cenário brincando. Por isso, deve dispor de espaço suficiente para poder brincar sem obstáculos. A colocação de quadros negros ou de superfícies para pintar também é uma forma de fomentar a criatividade da criança e pode ter, simultaneamente, uma função decorativa. O espectro de cores no quarto das crianças estará dominado por tons fortes e alegres.

Sharks

Para fanáticos de los tiburones, la decoración de este cuarto reproduce tonalidades y elementos del océano. Aquí priman el azul claro en su gama cromática y objetos como dentaduras y estrellas de mar.

Per i fanatici degli squali, la decorazione di questa cameretta riproduce tonalità e elementi dell'oceano. Qui predomina l'azzurro con tutta la sua gamma cromatica e gli oggetti particolari come i denti degli squali e le stelle marine.

For sharks fans, the decoration of this room evokes oceanic tones and elements. Here a range of light blue colours and objects such as teeth and starfish play the leading role.

Para entusiastas dos tubarões, a decoração deste quarto reproduz tonalidades e elementos do oceano. Aqui têm primazia o azul claro na sua gama cromática e objectos como dentaduras e estrelas do mar.

Para estimular el juego, el mobiliario de madera –la cama a media altura, una armario y un pequeña biblioteca– simula ser un barco en este divertido mar con tiburones.

To stimulate play, wooden furniture – a medium-height bed, wardrobe and a small library – simulate a boat in this fun sea of sharks.

Per stimolare il gioco, i mobili in legno –il letto a mezza altezza, un armadio e una piccola biblioteca– hanno forma di nave in questo divertente mare abitato da squali.

Para estimular o jogo, o mobiliário em madeira – a cama a meia altura, um armário e uma pequena biblioteca – simula uma embarcação neste divertido mar com tubarões.

A la hora de colocar accesorios no se descuidó ningún detalle: el barco-cama cuenta con sogas, estrellas de mar como tiradores de los cajones y unas gafas de buceo para explorar el fondo del océano.

Per quanto riguarda gli accessori non è stato trascurato nessun dettaglio: la nave-letto dispone di corde, non mancano le stelle marine, che non sono altro che i tiranti dei cassetti, e ritroviamo perfino una maschera per le immersioni subacquee se sia ha voglia di esplorare il fondale dell'oceano.

When placing accessories do not overlook a single detail: the ship-bed has rigging, draw handles are starfish and there is a diving mask to explore the ocean floor.

No momento de colocar acessórios não foi descurado qualquer detalhe: o barco-cama possui cordas, estrelas do mar como puxadores das gavetas e óculos de mergulho para explorar o fundo do oceano.

Los tiburones son los protagonistas de este cuarto temático. Estos animales se dibujaron en las paredes a todo color, en varios tamaños y rodeados de sus presas.

Sharks are the stars of this themed bedroom. These animals were drawn on the walls in vibrant colour, varying sizes and surrounded by their prey.

Gli squali sono i protagonisti di questa cameretta a tema. Gli animali sono stati dipinti sulle pareti con colori vivi in diverse misure e attorniati dalle loro prede.

Os tubarões são os protagonistas deste quarto temático. Estes animais foram desenhados nas paredes com cores vivas, em vários tamanhos e rodeados pelas suas presas.

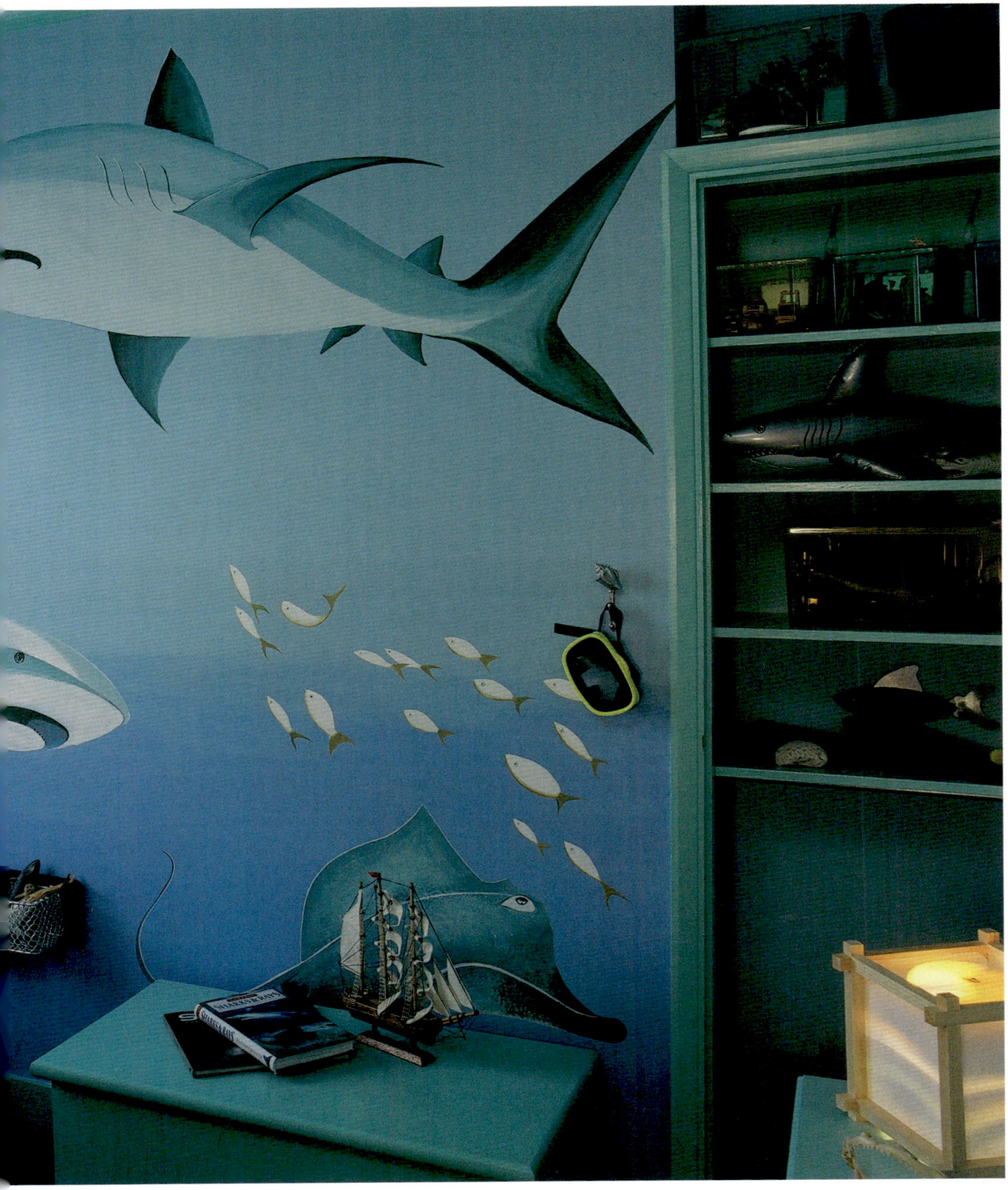
SHARKS & RAYS

The Ocean

En esta habitación el niño puede elegir entre numerosas aventuras marinas, como la pesca y el buceo. Todo enmarcado en un espacio azul de diversión.

In questa cameretta il bambino può scegliere di vivere diverse avventure marine, come la pesca e l'immersione, incorniciate da questo spazio azzurro di divertimento.

In this room, the child can choose from numerous marine adventures, such as fishing and diving. All are contained in this blue space of fun.

Neste quarto a criança pode escolher entre inúmeras aventuras marinas, como a pesca e o mergulho. Tudo num espaço delimitado por um azul divertido.

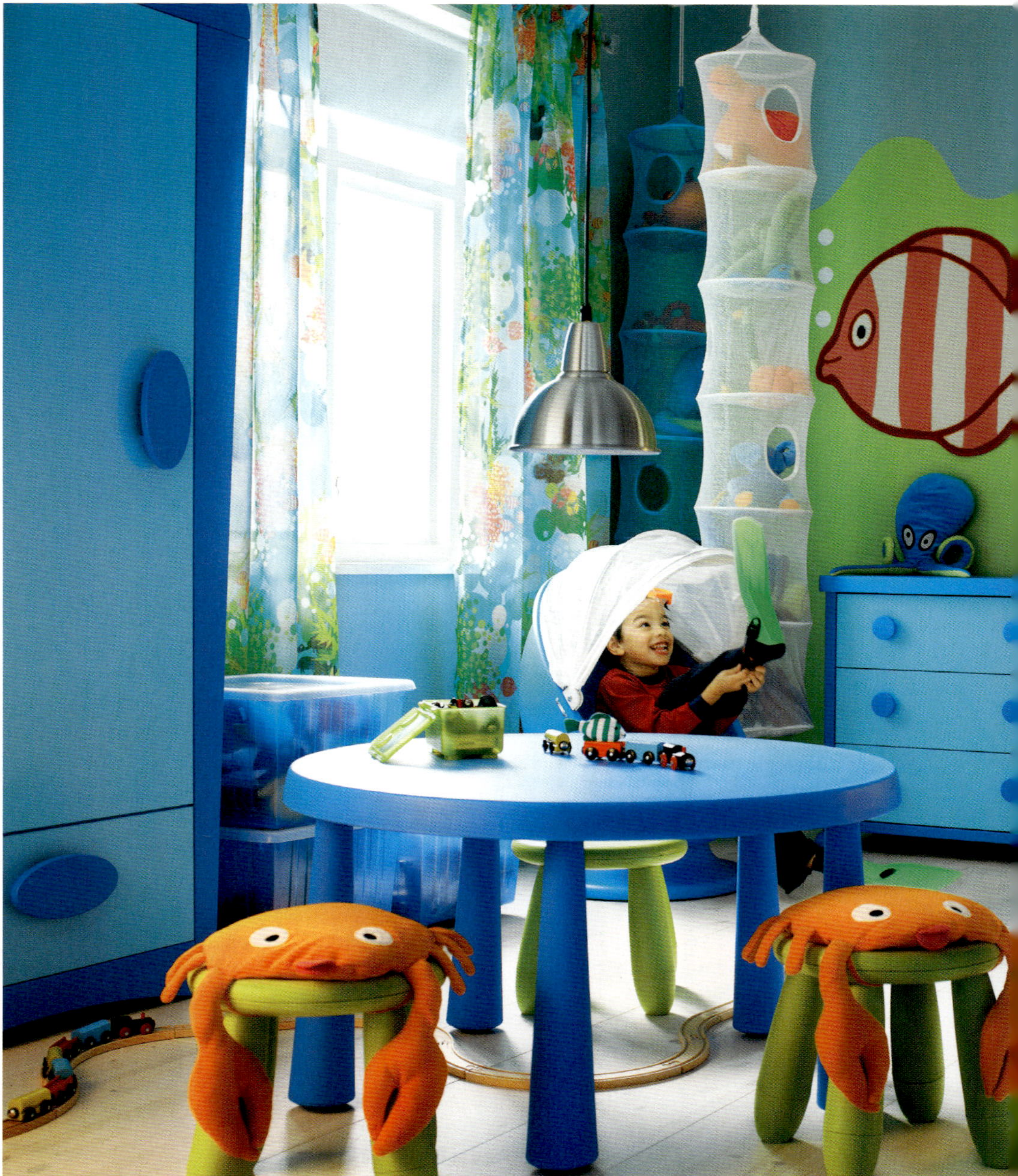

Esta combinación de muebles otorga dinamismo al espacio de juego. Las piezas coloridas y de formas redondeadas, junto con los numerosos accesorios, sumergen al niño en un mundo de fantasía bajo el mar.

This combination of furniture gives a dynamic nature to the play space. The colourful pieces and rounded forms, together with numerous accessories, immerse the child in a fantasy world beneath the waves.

L'abbinamento di mobili conferisce dinamicità alla zona giochi. I pezzi colorati e le forme arrotondate, assieme ai numerosi accessori, sommergono il bambino in un fantastico mondo subacqueo.

Esta combinação de móveis confere dinamismo ao espaço de brincadeira. As peças coloridas e com formas arredondadas, em conjunto com os inúmeros acessórios, mergulham o menino num mundo de fantasia no fundo do mar.

Fairy Pink

La mayoría de las habitaciones para niñas usan el rosa para reflejar su carácter y delicadeza. Para conseguir un toque original y único, se ha recurrido al mismo color pero con texturas sugerentes.

Most girls' rooms use pink to reflect their character and daintiness. For a unique and original twist, here the same colour with intriguing textures has been used.

La maggior parte delle camerette per bambine ricorrono al rosa alludendo alla loro natura e alla loro delicatezza. Per conferire un tocco originale e unico si è ricorso allo stesso colore ma con tonalità più suggestive.

A maioria dos quartos para meninas usa o rosa para reflectir a sua personalidade e delicadeza. Para conseguir um toque original e único, foi utilizada a mesma cor mas com texturas sugestivas.

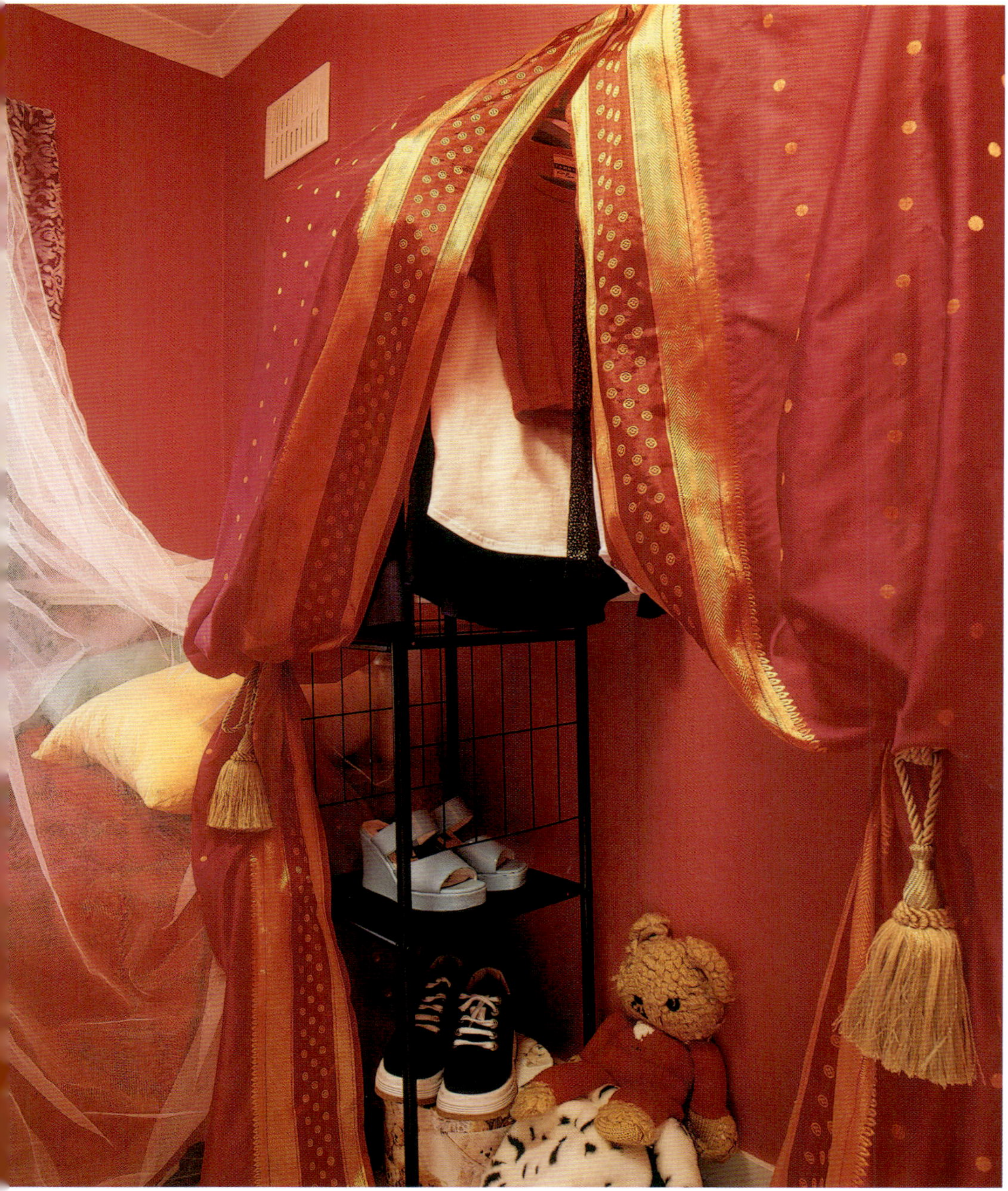

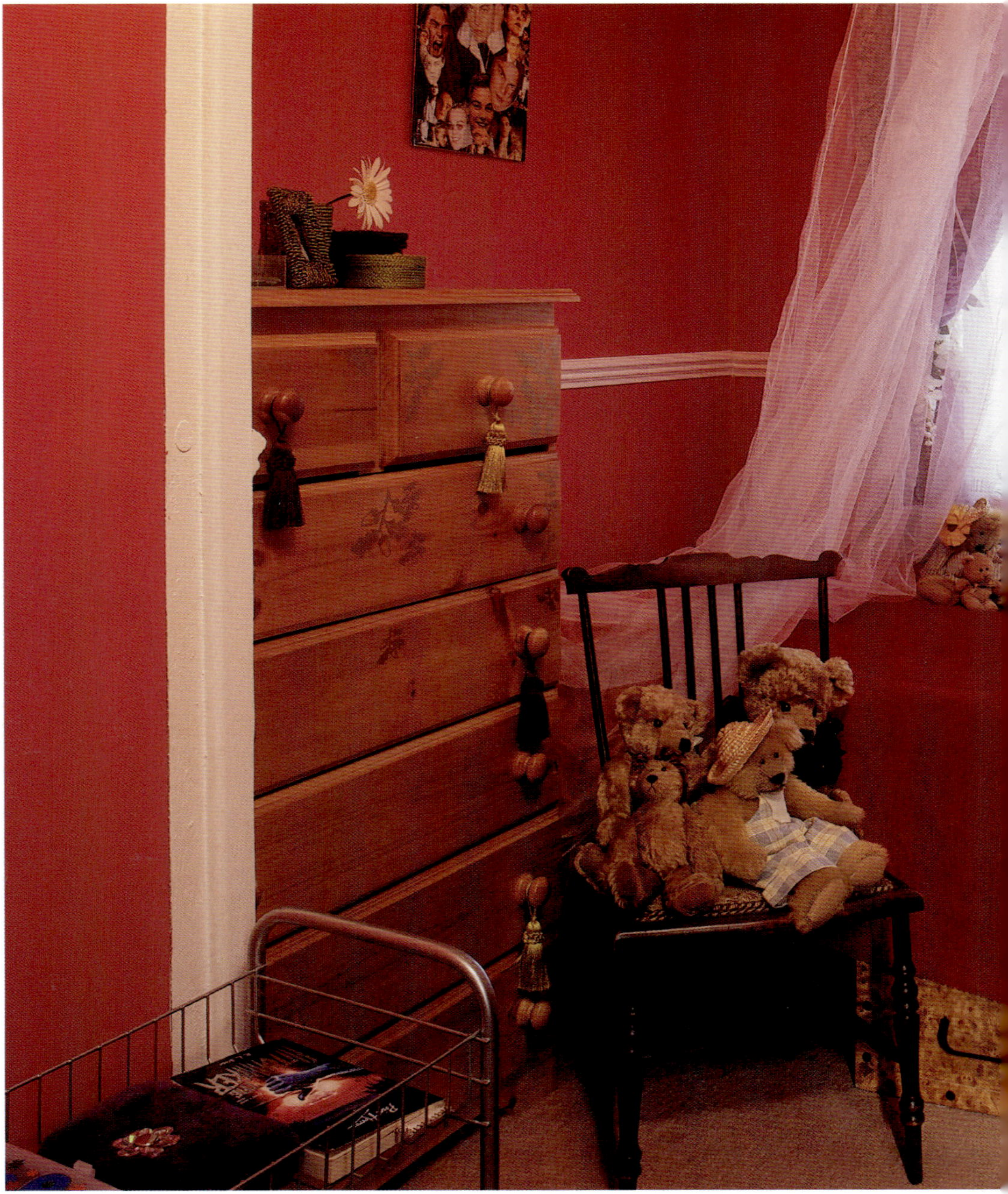

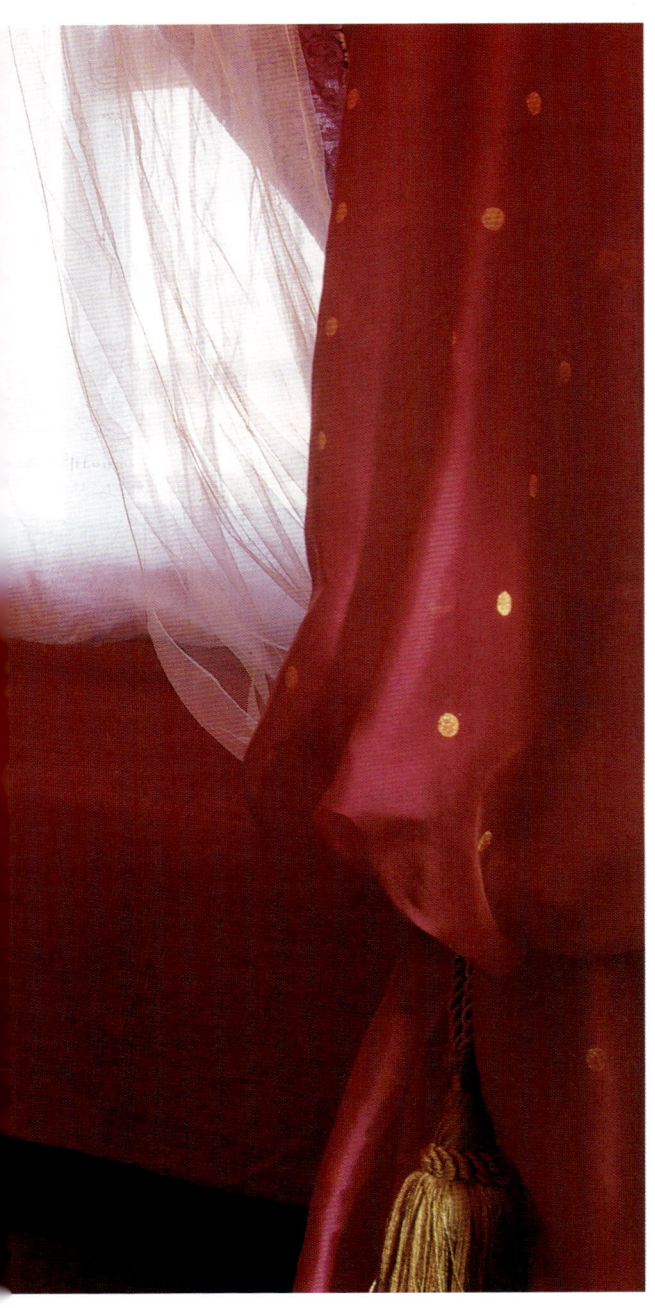

Esta habitación de niña, de estilo princesa, tiene sobre la cama una mosquitera de tul blanco. Las cortinas, el cobertor de la cama y las paredes son fucsias. Se completa con detalles en dorado y madera.

This princess-style girl's room has a white tulle canopy mosquito net over the bed. The curtains, bedspread and walls are fuchsia and the room is finished off with golden and wooden touches.

Questa cameretta per bambina, stile principessa, ha sul letto una zanzariera bianca in tulle. Le tende, il copriletto e le pareti invece sono fucsia. Il tocco finale è dato dai dettagli dorati e in legno.

Este quarto de menina, estilo princesa, tem sobre a cama uma cortina de tule branco. Os cortinados, a colcha da cama e as paredes são fúcsia. O conceito é concluído com detalhes em dourado e madeira.

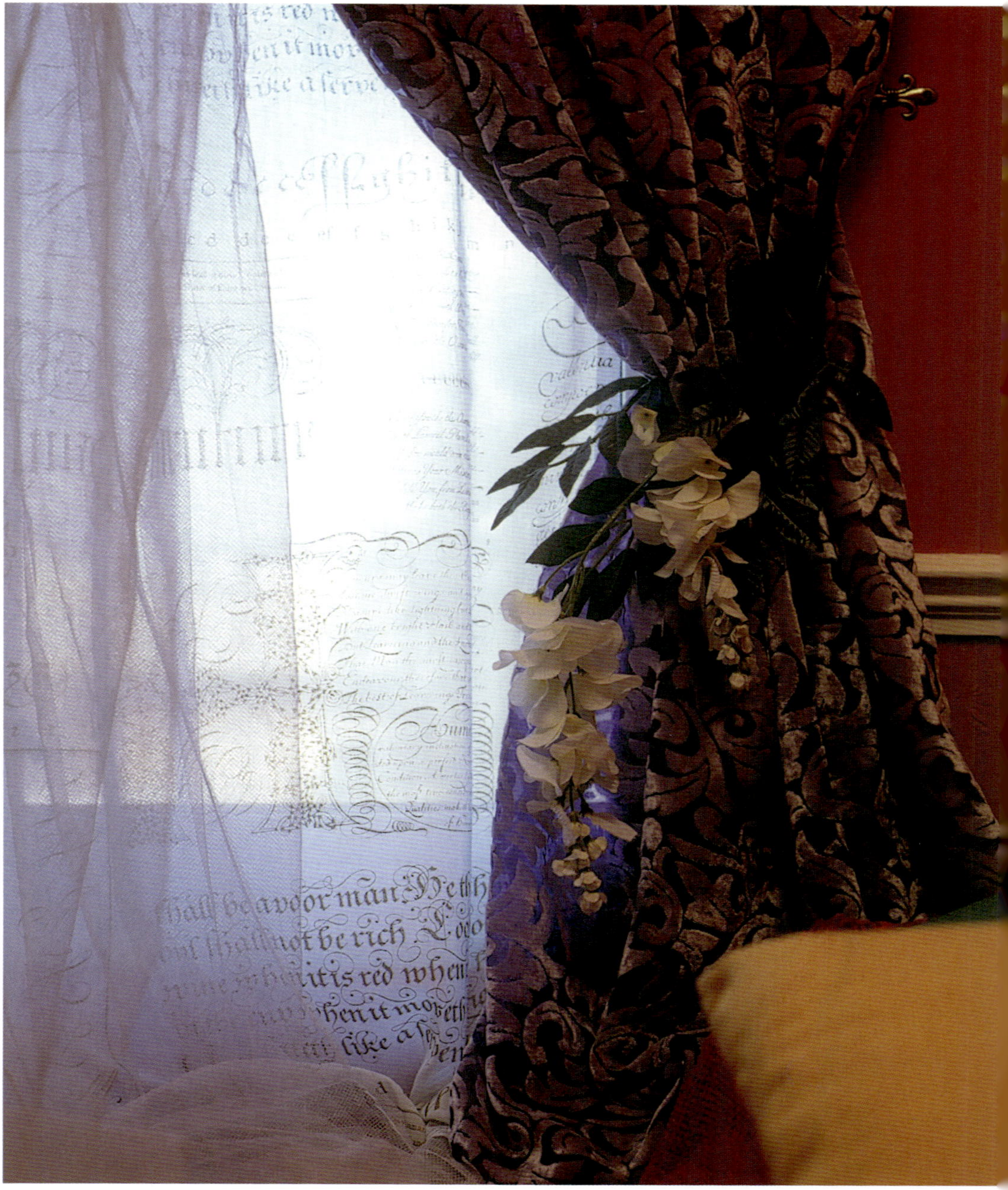

El color complementario elegido fue el violeta. Las cortinas de terciopelo son de ese color, y también los accesorios, como el diario. El sostenedor del tul tiene como detalle unas flores secas doradas.

The complementary colour chosen was purple. The velvet curtains and accessories, such as the diary, use purple shades. The tulle curtain holder is decorated with dried gold flowers.

Il colore complementare scelto è il viola, le tende in velluto sono dello stesso colore come anche gli accessori e il diario. Il supporto in tulle è arricchito da fiori secchi dorati.

A cor complementar escolhida foi o violeta. Os cortinados em veludo são nessa cor bem como alguns acessórios, como por exemplo o diário. O suporte do tule tem como detalhe flores secas douradas.

Butterfly Forest

Las mariposas son el elemento decorativo de esta habitación. Se hallan por ejemplo en los motivos que adornan la chimenea y hasta sujetando las cortinas.

Le farfalle sono l'elemento decorativo di questa cameretta. Le ritroviamo, ad esempio, nei motivi che adornano il caminetto e perfino a sostegno delle tende.

Butterflies are the decorative theme in this room. They are found for example on the motifs adorning the fireplace and even holding back the curtains.

As borboletas são o elemento decorativo deste quarto. Podemos encontrá-las por exemplo nos motivos que adornam a lareira e até a prender os cortinados.

Además de las mariposas, en este bosque de ensueño se incluyeron plumas en el edredón y se pintaron setas, plantas y la rama de un árbol sobre el armario y las paredes.

In questo bosco incantato, oltre alle farfalle, ritroviamo piume nel piumone, funghi, vegetazione e il ramo di un albero, elementi riprodotti sulle pareti e sull'armadio.

As well as butterflies, this enchanted forest has feathers in the quilt, as well as mushrooms, vegetation and a tree branch painted on the walls and the wardrobe.

Além das borboletas, neste bosque de sonho foram incluídas penas no edredão, cogumelos, vegetação e os ramos de uma árvore, elementos ilustrados sobre as paredes e no armário.

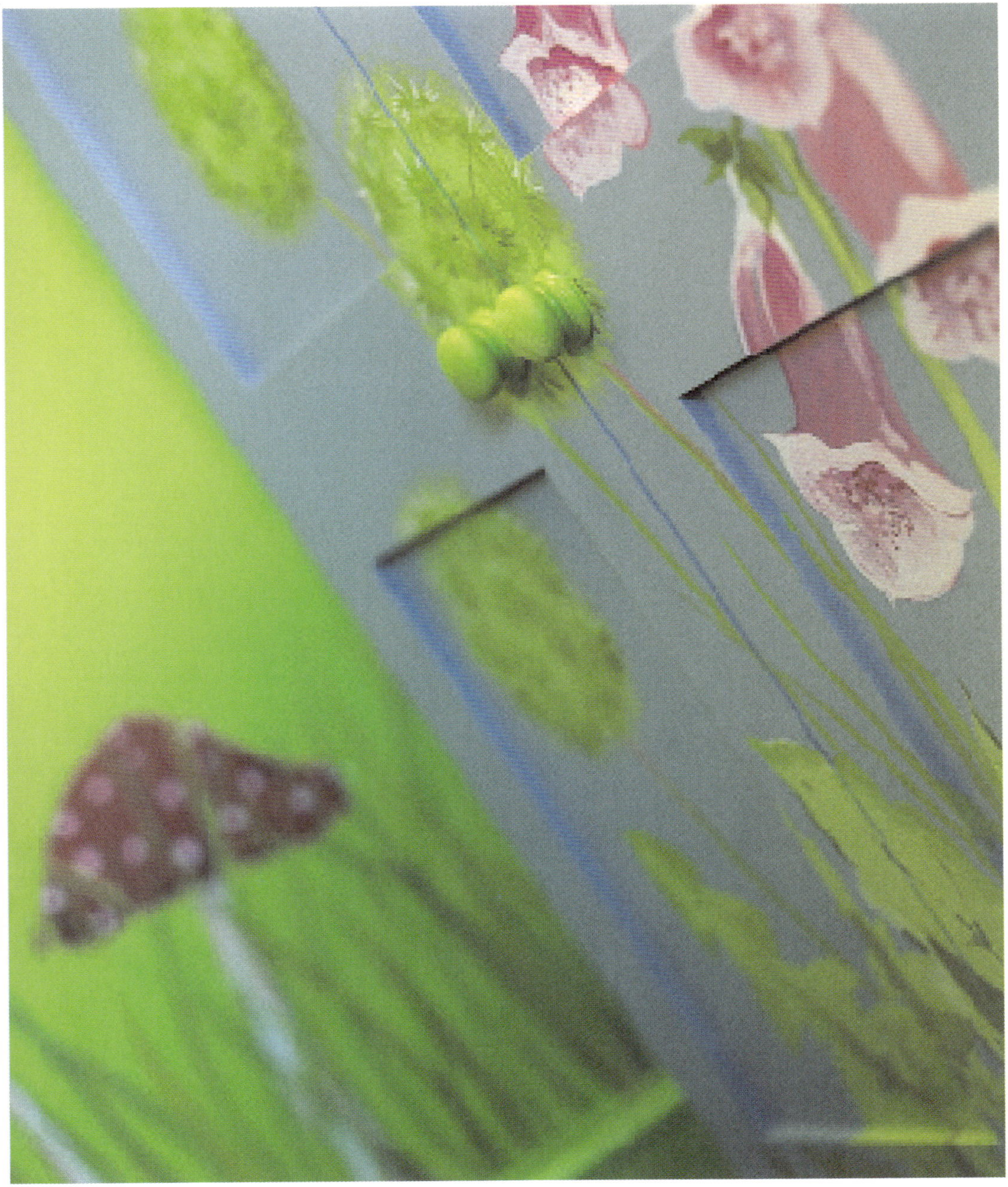

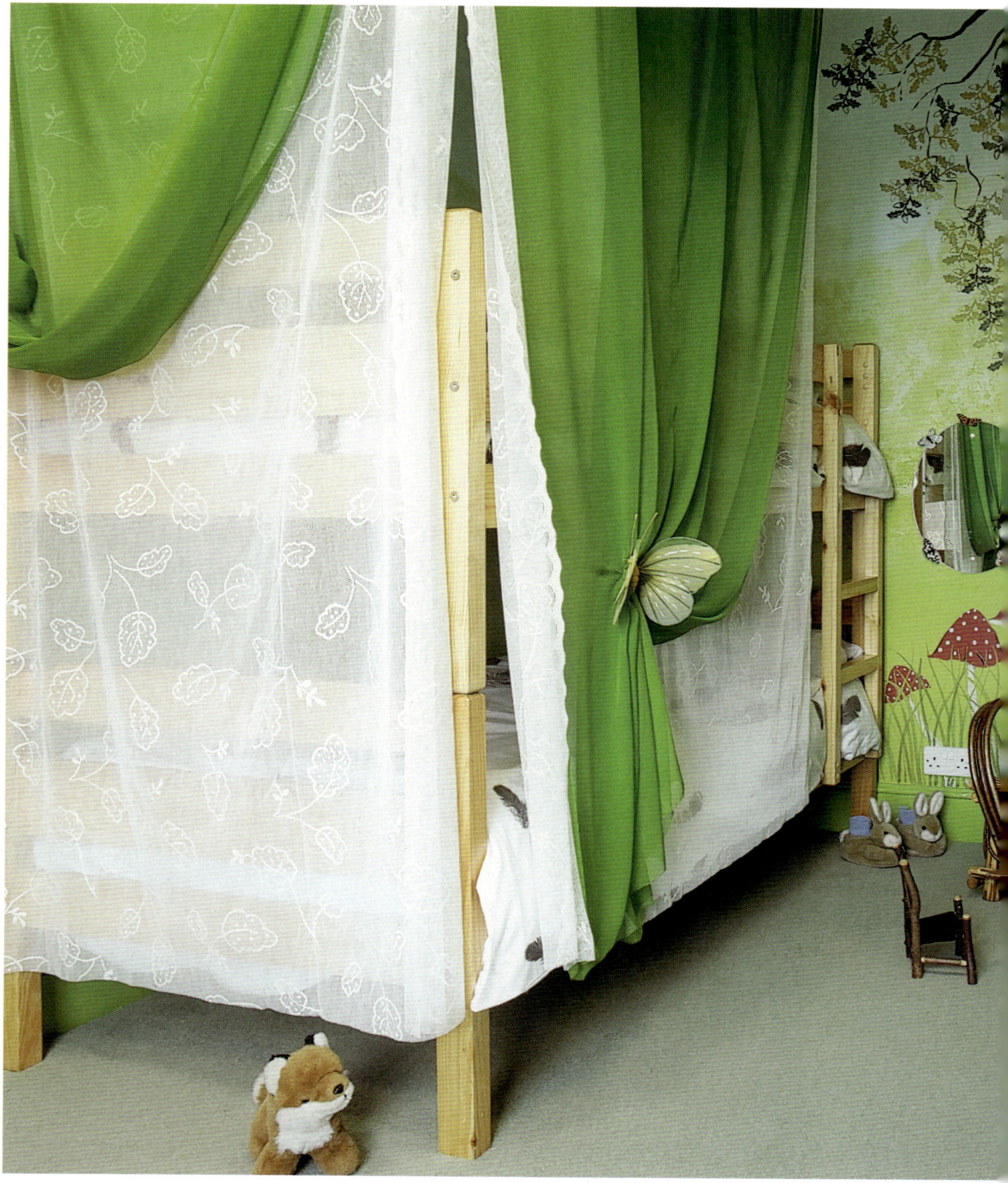

El material del mobiliario también proviene de la naturaleza y forma parte del bosque. La litera es de madera y se complementa con una cortina verde sujetada por una gran mariposa, y la silla mecedora es de mimbre.

The material used in the furniture also comes from nature and forms part of the forest. The bunk bed is made of wood and has a green curtain held back by a large butterfly, and the and rocking chair is wicker.

Anche il materiale dei mobili proviene dalla natura ed è parte del bosco, i letti a castello sono, infatti, in legno, mentre la tenda verde è sostenuta da una gran farfalla e il dondolo è in vimini.

O material do mobiliário também provém da natureza e faz parte do bosque. O beliche é de madeira, com uma cortina verde presa por uma grande borboleta, e a cadeira de baloiço é feita em vime.

Purple, Red, Green

Esta es una divertida combinación de tres colores y dos espacios de juego. Un rincón con una pequeña mesa de madera lacada para pintar y un espacio preparado para bailar y saltar sin obstáculos.

Ecco un divertente abbinamento di tre colori e due zone-gioco. Un angolo con un tavolino in legno laccato per dipingere e uno spazio pronto per ballare e saltare senza ostacoli di sorta.

This room is a fun combination of three colours and two play areas: a corner with a small lacquered wooden table for painting and a space for dancing and jumping free from obstacles.

Esta é uma divertida combinação de três cores e dois espaços para brincar. Uma zona com uma pequena mesa de madeira lacada para fazer pinturas, e um espaço preparado para dançar e saltar sem obstáculos.

Colored Circles

En colores pasteles, de diversos tamaños, pintados o de madera, los círculos son el elemento común tanto en la zona de estudio y aprendizaje como en el rincón destinado a las horas de sueño.

I cerchi, in tonalità pastello, dimensioni diverse, dipinti o in legno, sono l'elemento comune sia nella zona studio che nell'angolo destinato alle ore di sonno.

In pastel colours of different sizes either painted on or made from wood, circles are the feature prominent in both the study and learning area and the sleep corner.

Em cores pastel, de diversos tamanhos, pintados ou em madeira, os círculos são o elemento comum tanto na zona de estudo e aprendizagem como no espaço destinado às horas de sono.

Este ambiente tiene los elementos necesarios para estimular la creatividad y la concentración a la hora de hacer tareas escolares. Cuenta con una buena iluminación y distribución del espacio.

This room has the elements needed to stimulate creativity and concentration when doing homework. It has a good layout and lighting.

Quest'ambiente ha gli elementi necessari per stimolare la creatività e la concentrazione durante le ore di studio. Ha una buona illuminazione e distribuzione degli spazi.

Este ambiente tem os elementos necessários para estimular a criatividade e a concentração na altura de realizar as tarefas escolares. Dispõe de uma boa iluminação e distribuição do espaço.

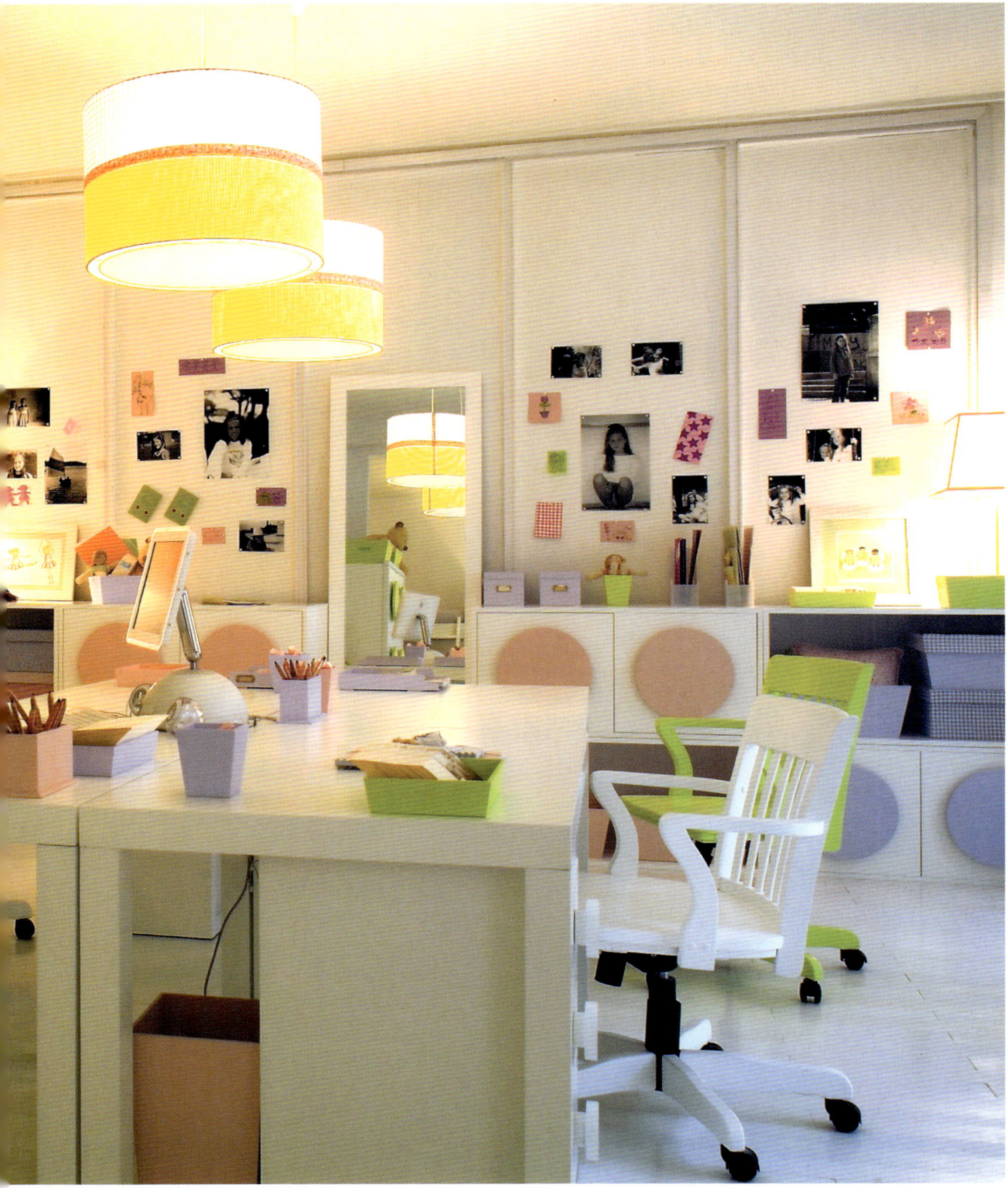

Bright Colors

Para organizar libros y juguetes, ropa y calzado, esta habitación de tonos llamativos cuenta con una amplia estantería y una cama con cajones. Todo realizado en madera lacada.

Per sistemare ordinatamente libri e giochi, abbigliamento e scarpe, questa cameretta dalle tonalità accese, dispone di una ampia mensola e di un letto munito di cassettoni. Il tutto in legno laccato.

To organise books, toys, clothing and footwear, this bright room has a large shelf unit and a bed with drawers, all made from lacquered wood.

Para organizar livros e brinquedos, roupa e calçado, este quarto de tons chamativos dispõe de uma ampla estante e de uma cama com gavetas. Tudo concebido em madeira lacada.

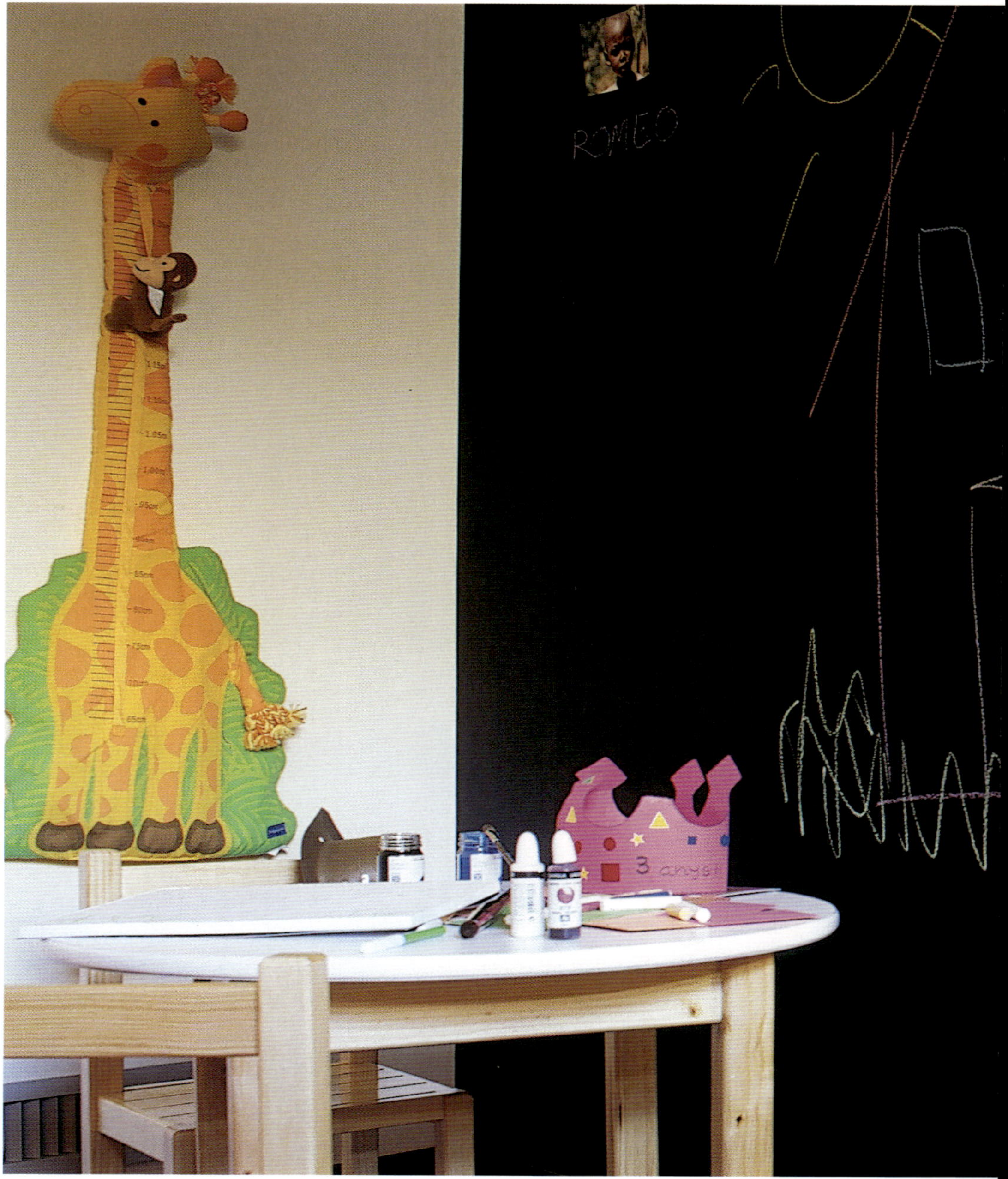
ROMEO
3 anys

En un rincón de la habitación, junto a la mesa para dibujar, una de las paredes se pintó con pintura para pizarra. Aquí los niños tienen permiso para dar rienda suelta a su imaginación y creatividad.

In one corner of the room, next to the drawing table, one wall was painted with chalkboard paint. Here children are allowed to unleash their imagination and artistic skills.

In un angolo della cameretta, vicino al tavolo per disegnare, una delle pareti è stata ricoperta con la vernice da lavagna. Qui i bambini possono dare libero sfogo alla loro immaginazione e improvvisarsi artisti.

Num recanto do quarto, junto à mesa para desenhar, uma das paredes foi pintada com tinta efeito ardósia. Aqui as crianças tem liberdade para dar rédea solta à sua imaginação e à sua arte.

Mauve

Estos cubos con estantes, de madera lacada en azul y con ruedas, permiten almacenar juguetes y apoyar objetos. Colocados en la pared y combinados, construyen una práctica biblioteca.

Questi cubi con mensole, in legno laccato in azzurro e muniti di ruote, consentono di conservare giocattoli e di appoggiare ogni sorta di oggetti. Sistemati sulla parete come cubi componibili formano una pratica biblioteca.

These wheeled cubes with shelves, made from blue lacquered wood, can be used to store toys and support objects. Placed on the wall and combined together, they can form a practical library.

Estes cubos com estantes, de madeira lacada em azul e com rodas, permitem arrumar brinquedos e apoiar objectos. Colocados na parede e combinados, dão forma a uma prática biblioteca.

En diferentes tonos, la gama de azules se complementa con el blanco y la madera del suelo. Los cubos hacen de mesita de noche y, junto con un velador, fomentan la lectura nocturna.

Different tones of blue are complemented by white and wood flooring. The cubes become bedside tables and, together with the bedside lamp, encourage bedtime reading.

Le diverse tonalità dell'azzurro si alternano al bianco e al legno del pavimento. I cubi si trasformano in comodino durante la notte e, con la complicità di un'abat-jour, fomentano la lettura notturna.

Em diferentes tonalidades, a gama de azuis é complementada com o branco e a madeira do piso. Os cubos servem como mesa de apoio e, em conjunto com um candeeiro, estimulam a leitura nocturna.

171

Boy's Room

Esta es una habitación clásica que, a pesar de su reducida dimensión, cuenta con espacios bien definidos: la cama, una mesa y sillas de mimbre. Todo en madera y con detalles que aportan color.

Questa cameretta classica, nonostante le sue ridotte dimensioni, ha spazi ben definiti: il letto, un tavolo e la sedia in vimini. Tutto in legno con particolari che apportano colore.

This is a classic room which, despite its small size, has well-defined spaces: a bed, a table and wicker chairs. All are made from wood and have colourful details.

Este é um quarto clássico que, apesar da sua reduzida dimensão, dispõe de espaços bem definidos: a cama, uma mesa e cadeiras de vime. Tudo em madeira e com detalhes que transmitem cor.

La litera de madera transmite solidez y seguridad, y es perfecta para ahorrar espacio en un cuarto compartido. Esta tiene divertidos dibujos tallados y una tercera cama que permite alojar a un eventual invitado.

I letti a castello danno un'idea di solidità e sicurezza e sono perfetti per risparmiare spazio quando le camerette sono condivise da più persone. Questa stanza è rallegrata da divertenti disegni intagliati e dispone di un terzo letto che consente di invitare un eventuale invitato.

The wooden bunk bed conveys strength and safety; it is a perfect space-saver in a shared room. The bunk has fun pictures carved into it and third bed can be pulled out to accommodate a guest.

O beliche em madeira transmite solidez e segurança, e é perfeito para poupar espaço num quarto partilhado. Este tem divertidos desenhos entalhados e uma terceira cama que permite receber um eventual convidado.

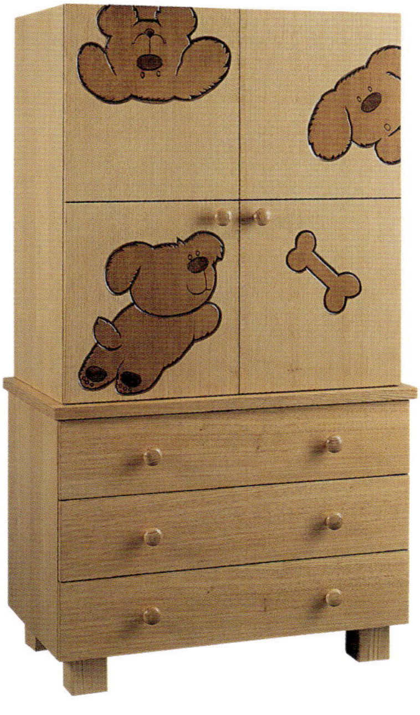

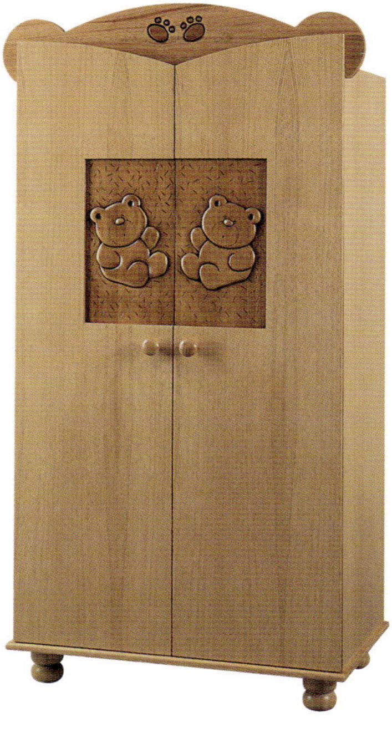

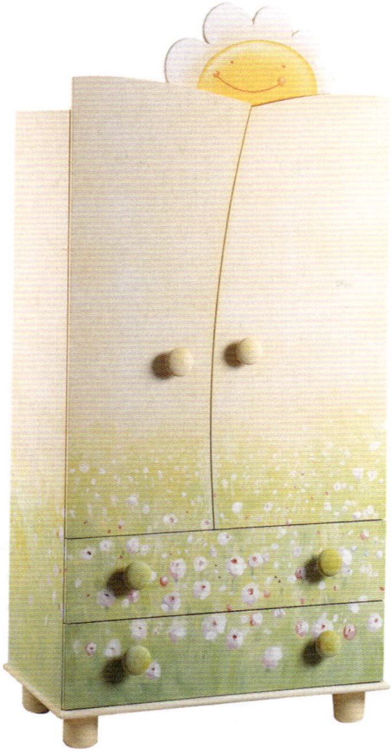

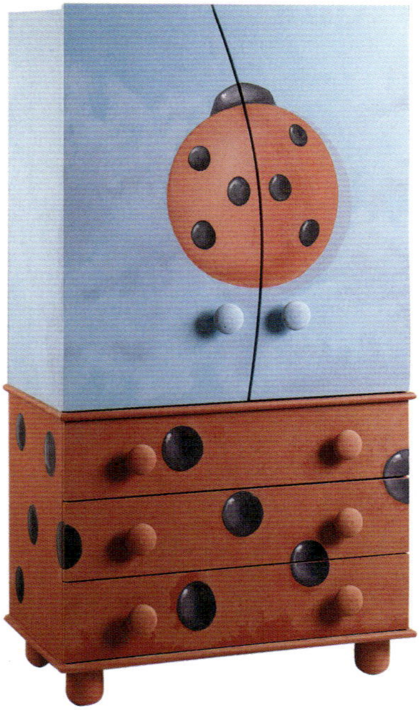

De madera a la vista, con una excelente calidad y diseño, este juego de muebles satisface todas las necesidades de los niños: estante, mesa y silla para estudiar, un armario y una litera.

Questi mobili con legno a vista, di un'eccellente qualità e design, soddisfano tutte le necessità dei bambini: mensola, tavolo, sedia per studiare, armadio e letto a castello.

Made from exposed wood, with excellent quality and design, this furniture set meets all the children's furniture needs: a shelf, study table and chair, wardrobe and bunk.

De madeira à vista, com uma excelente qualidade e design, este conjunto de móveis satisfaz todas as necessidades das crianças: prateleira, mesa e cadeira para estudar, um armário e um beliche.

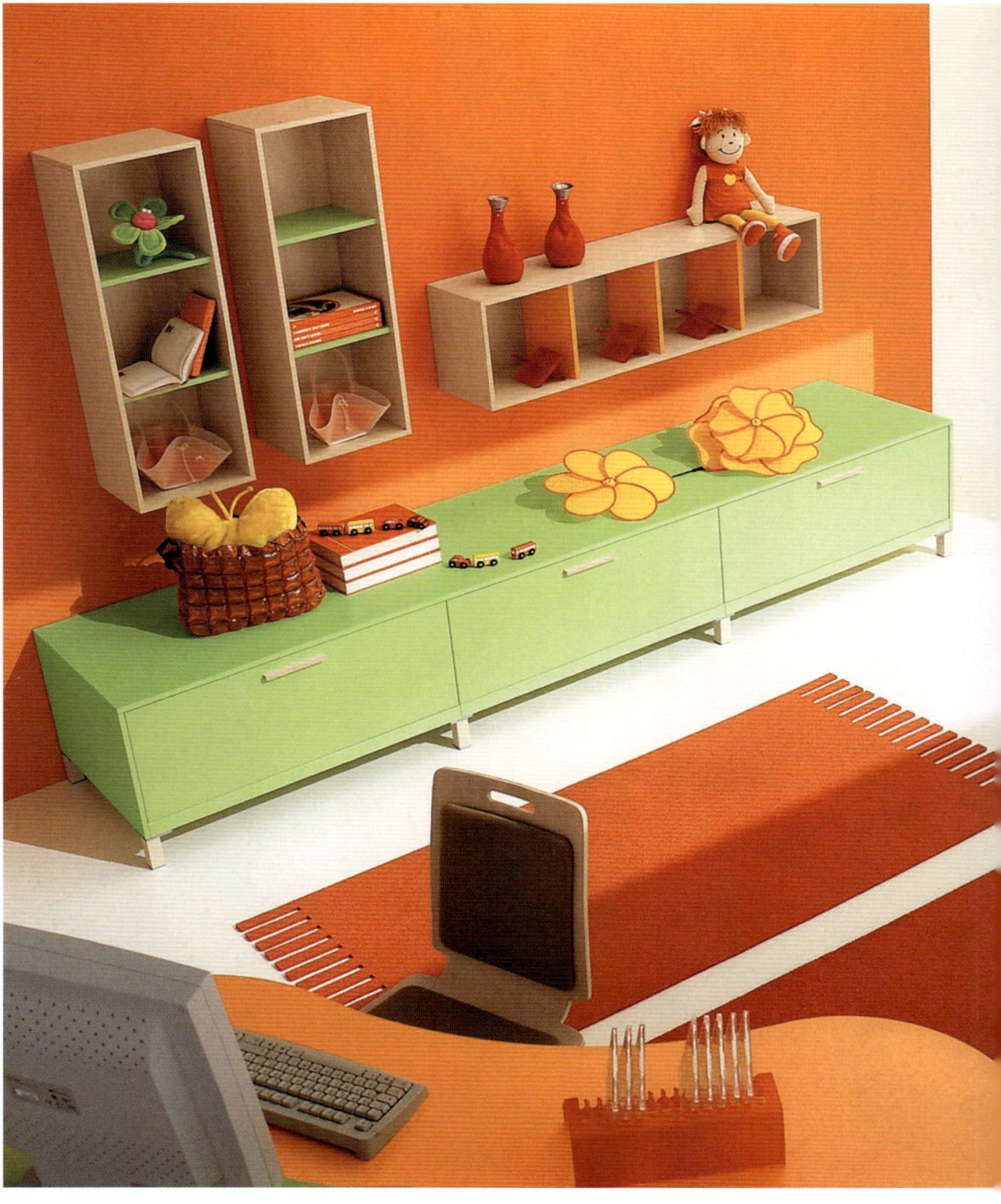

Teenagers

La formación de un estilo de vida propio y la búsqueda de identidad caracterizan esta última fase de la infancia. Por eso, los jóvenes necesitan un espacio que se pueda organizar según sus propias ideas. Dado que todas las actividades tienen lugar en un único espacio, habrá que procurar un orden racional del mobiliario. Así, por ejemplo, el escritorio aprovechará al máximo la luz diurna, mientras que la cama se situará en la parte más oscura de la habitación.

La formazione del proprio stile di vita e della propria identità caratterizzano questa ultima fase dell'infanzia. Per questo gli adolescenti hanno bisogno di uno spazio che possa essere concepito con idee proprie. Tutte le attività si svolgono in un unico spazio e quindi il fine é trovare un ordine sensato ai mobili. Per esempio, la scrivania deve approfittare al massimo della luce del giorno, mentre il letto va posto nel settore più buio della stanza.

The creation of a personal lifestyle and the search for identity characterize this last phase of infancy. So, young persons need a space which can be organized in harmony with their own ideas. Given that all the activities take place in one space, the aim would be to achieve a rational layout of the furniture. In this way, the desk should take full advantage of the daytime light, while the bed should be located in the darkest part of the room.

A formação de um estilo de vida próprio e a procura de uma identidade caracterizam esta última fase da infância. Por isso, os jovens necessitam de um espaço que possa ser organizado de acordo com as suas próprias ideias. Uma vez que todas as actividades têm lugar num único espaço, o objectivo será encontrar uma organização racional do mobiliário. Assim, o escritório aproveitará ao máximo a luz diurna, enquanto que a cama ficará na parte mais escura.

Jungle

El área de estudio en este cuarto cuenta con elementos que optimizan el espacio. El escritorio se despliega para ampliar la mesa de trabajo, y está rodeado por cajones y estantes.

La zona studio in questa cameretta dispone di elementi che ottimizzano lo spazio. La scrivania si apre per ampliare il tavolo da lavoro ed è circondata da cassetti e mensole.

The study area in this room has space-optimising elements. The desktop unfolds to extend the work table and is surrounded by drawers and shelves.

A área de estudo neste quarto engloba elementos que optimizam o espaço. A secretária desdobra-se para ampliar a mesa de trabalho, e está rodeada por gavetas e prateleiras.

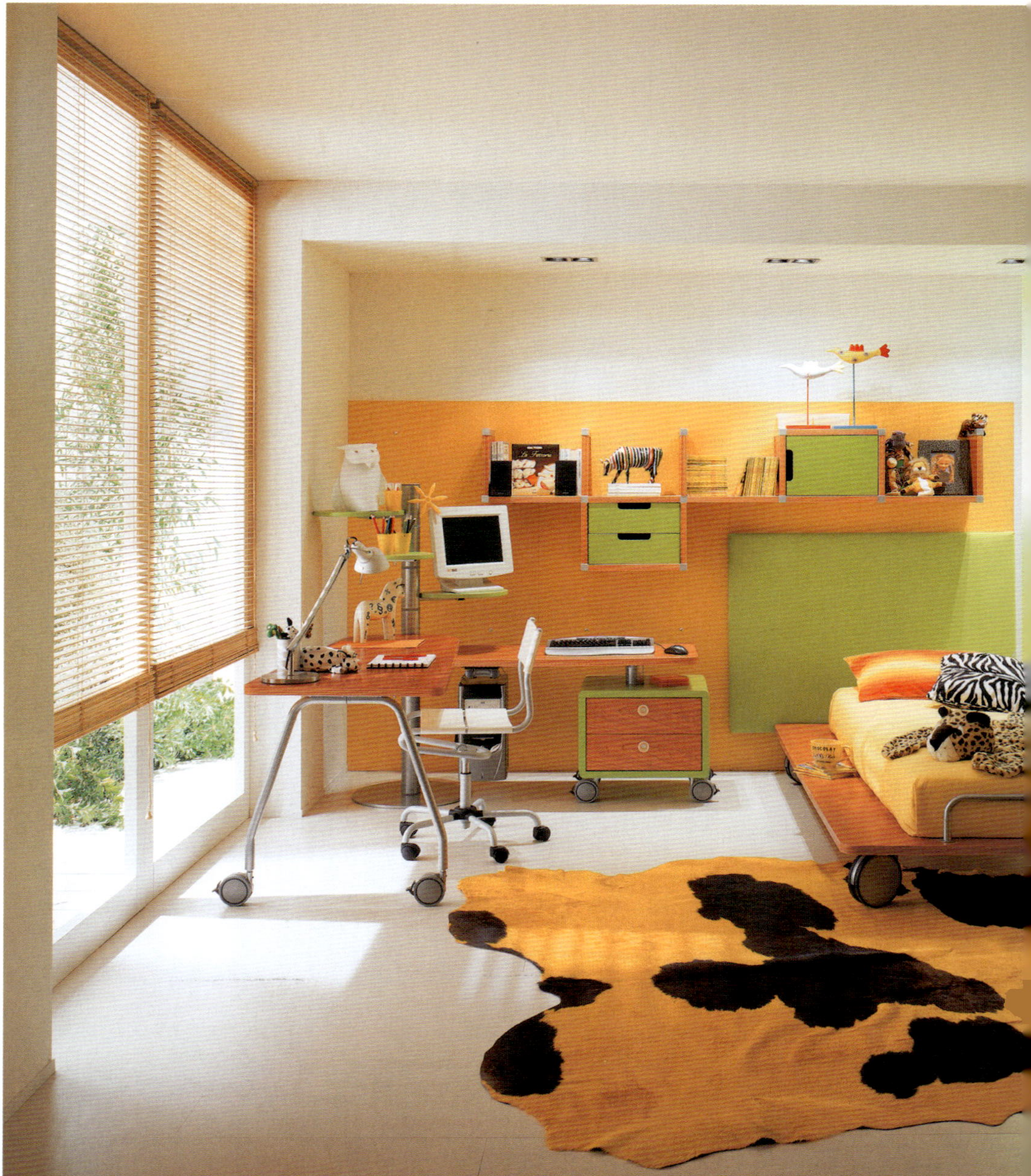

La distribución de esta habitación está muy bien resuelta. La luz se intensifica con el uso del amarillo y amplía visualmente el espacio. Los muebles tienen ruedas para cambiar su ubicación y despejar el cuarto.

This room is nicely distributed. The light is enhanced by the use of yellow and visually expands the space. The furniture has wheels, giving the pieces mobility and the possibility of clearing space.

La distribuzione di questa cameretta è stata brillantemente risolta. La luce s'intensifica con l'uso del giallo e aumenta visivamente lo spazio. I mobili hanno le ruote perché sia possibile cambiare la loro ubicazione e sgombrare la cameretta.

A distribuição deste quarto está muito bem conseguida. O uso do amarelo intensifica a luz e amplia visualmente o espaço. Os móveis têm rodas que permitem alterar a sua localização e esvaziar o quarto.

Black Panther

Para esta habitación de estilo clásico pero con un toque de originalidad, se eligió una combinación de vivos colores cálidos que contrasta con el sobrio marrón de la madera. Las paredes blancas aportan claridad.

Per questa cameretta in stile classico, ma con un tocco di originalità, è stato scelto un abbinamento di colori vivi e caldi in contrasto con il sobrio marrone del legno. Le pareti bianche apportano luminosità.

For this classic room with a touch of originality, a combination of bright warm colours contrasts with the sober brown of the wood. The white walls provide clarity.

Para este quarto de estilo clássico mas com um toque de originalidade, foi escolhida uma combinação de cores quentes e vivas que contrastam com o castanho sóbrio da madeira. As paredes brancas conferem claridade.

Los escritorios tienen ruedas en una de sus bases. Esto permite separar en dos el área de estudio cuando se requiere concentración individual o formar una mesa de trabajo grupal.

Una delle basi delle scrivanie dispone di rotelle, fatto che permette di dividere in due l'area di studio quando si richiede la concentrazione individuale o quando è necessario formare un tavolo di lavoro gruppale.

The desks have wheels on one side, allowing the study area to be split into two when concentration is required or the configuration of a single table for group working.

As secretárias têm rodas numa das suas bases. Isto permite separar em duas partes a área de estudo quando é necessária concentração individual ou para formar uma mesa de trabalho em grupo.

Pop Stars

Para una adolescente es importante disponer de un espacio donde arreglarse sin descuidar el estudio. El armario tiene una cortina de estilo pop, y en el tocador no falta el espejo.

For a teenager it is important to have a place to get ready without neglecting a space for study. The wardrobe has a beaded pop-style curtain and the essential mirror is not missing from the dressing table.

Per un adolescente è importante avere uno spazio in cui prepararsi, senza trascurare la zona-studio. L'armadio ha una tenda in stile pop mentre nella toilette non manca lo specchio.

Para uma adolescente é importante dispor de um espaço onde vestir-se sem descuidar o estudo. O armário tem uma cortina de estilo pop, e no toucador não falta o espelho.

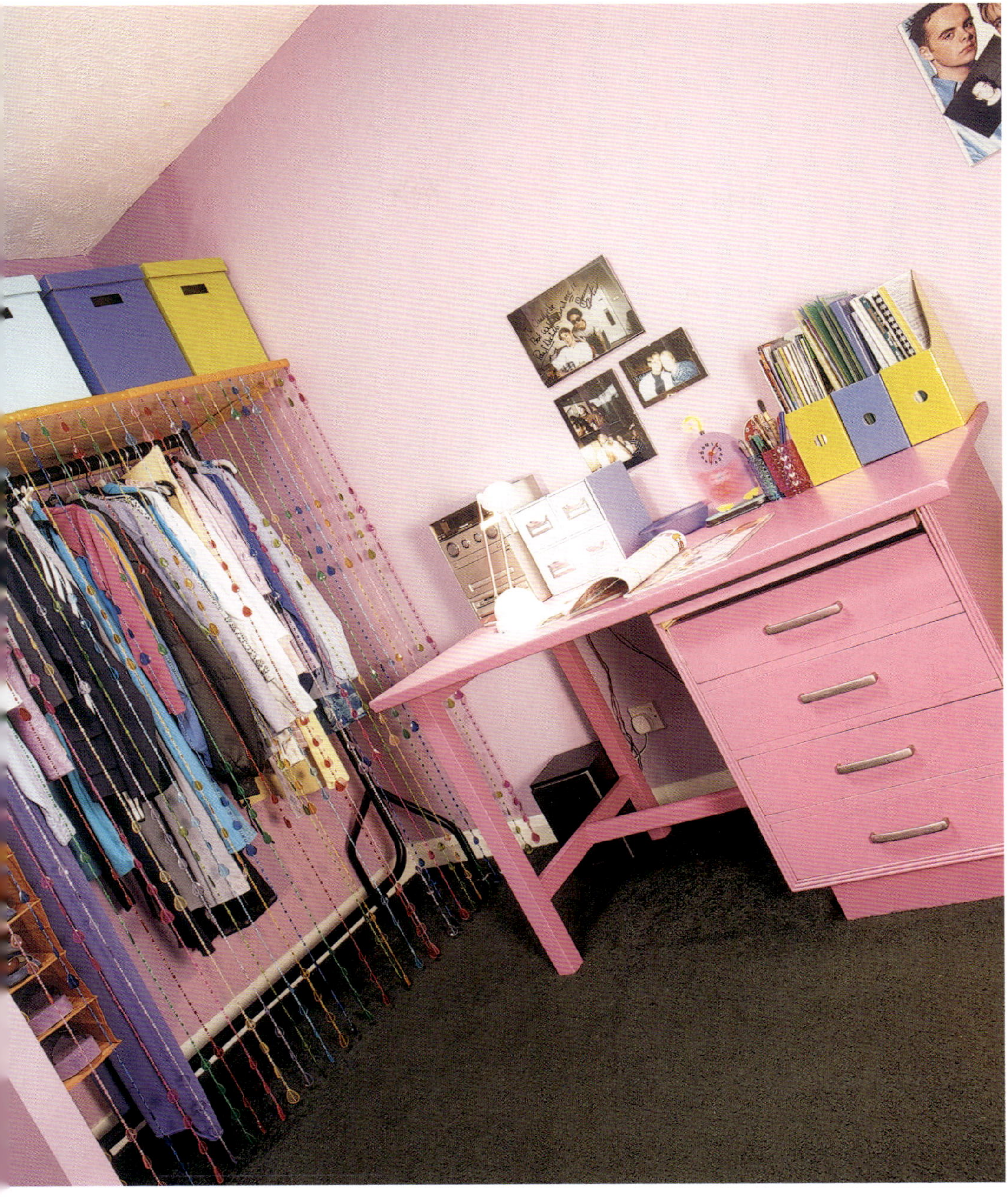

En esta habitación, además de un escritorio se ubicaron modernos elementos que permiten el ocio y el descanso. Al lado del escritorio, un puf hinchable de color verde orientado hacia el televisor.

This room has a desk as well as modern elements for leisure and relaxation. Next to the desk, a green inflatable chair is positioned to face the TV.

In questa cameretta, oltre alla scrivania, sono stati sistemati elementi moderni che permettono il tempo libero e il riposo. Accanto alla scrivania ecco un pouf gonfiabile verde orientato verso il televisore.

Neste quarto, além de uma secretária foram colocados elementos que permitem o ócio e o descanso. Ao lado da secretária, um pufe insuflável de cor verde orientado para a televisão.

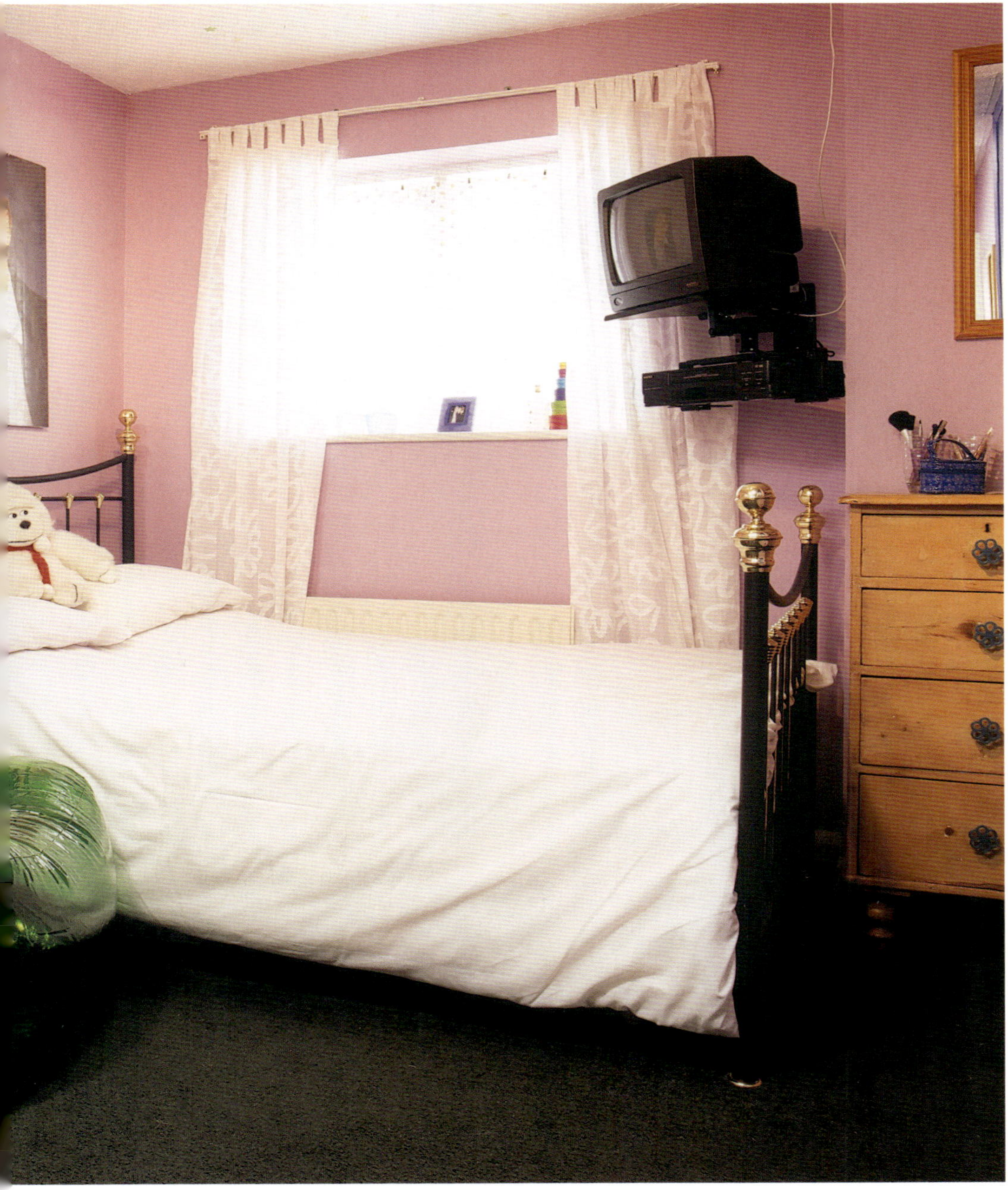

Rascally Animals

Para este joven no es tan prioritaria la luz o la claridad, sino el arte. Las paredes en tonos grises generan un clima de creatividad. El armario de aluminio tiene gran capacidad de almacenaje.

Per questo ragazzo l'arte è più importante della luce o della luminosità. Le pareti dalle tonalità grigiastre creano un clima di creatività. L'armadio in alluminio è molto capiente.

For this youngster, light and clarity are not the top priorities; art is. The walls in shades of grey inspire a climate of creativity. The aluminium wardrobe has ample storage space.

Para este jovem a luz ou a claridade não são tão prioritárias como a arte. As paredes em tons cinzas estimulam uma atmosfera de criatividade. O armário em alumínio tem uma grande capacidade de arrumação.

Durante esta edad, la prioridad es aprender, descubrir y expresarse en un ambiente de motivación. Los dos sillones en rojo y negro son un paréntesis para la concentración y el estudio de los adolescentes.

During this age, children's priority is to learn, discover and express themselves in a motivating environment. The two red and black chairs are a parenthesis for concentration and study for adolescents.

A quest'età la priorità è apprendere, scoprire ed esprimersi in un ambiente motivante. Le due poltrone in rosso e nero sono una vera e propria parentesi per la concentrazione e lo studio degli adolescenti.

Nesta idade, a prioridade dos jovens é aprender, descobrir e expressar-se num ambiente de motivação. As duas poltronas em vermelho e preto são um estímulo para a concentração e estudo dos adolescentes.

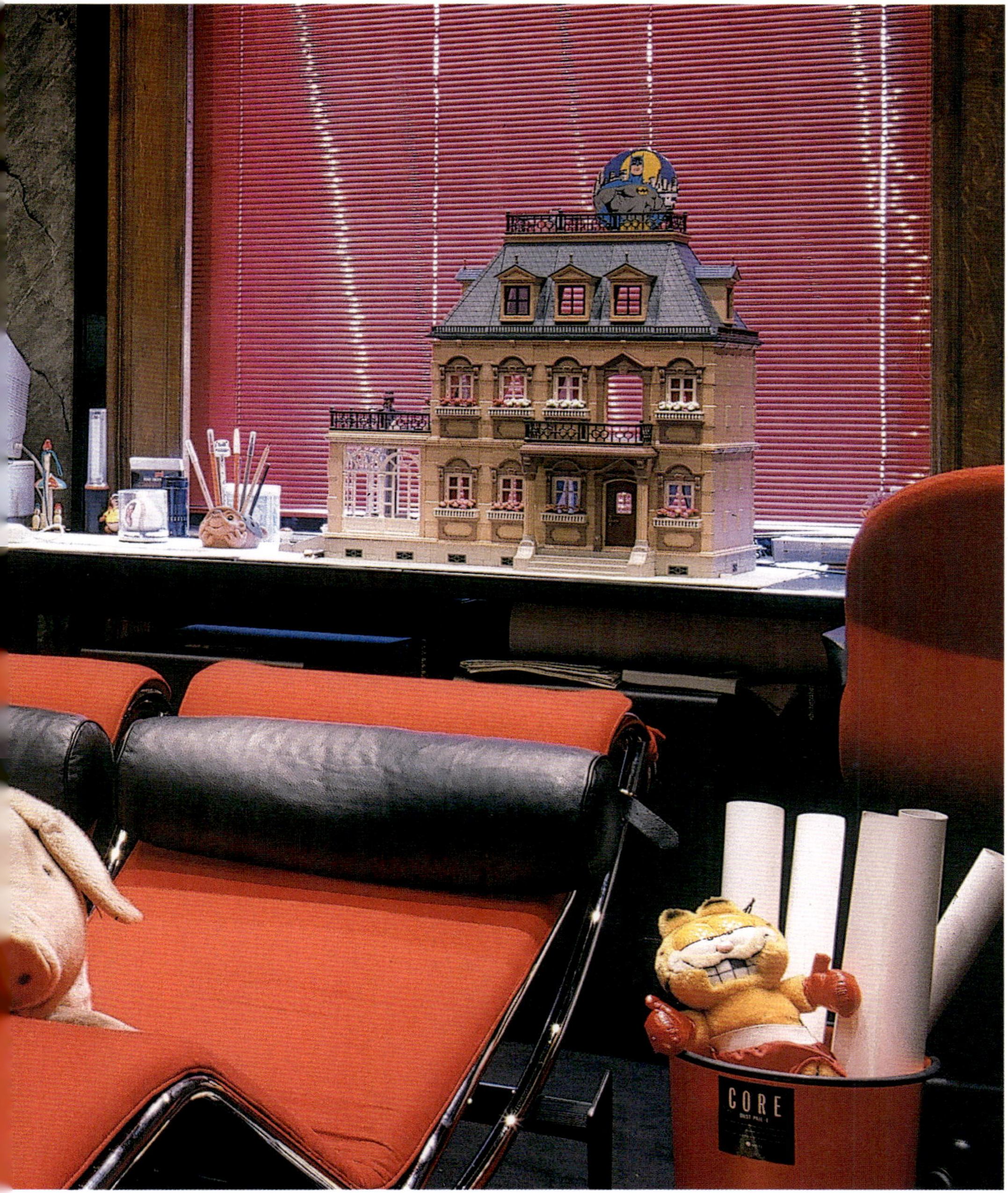
CORE

Room for Two

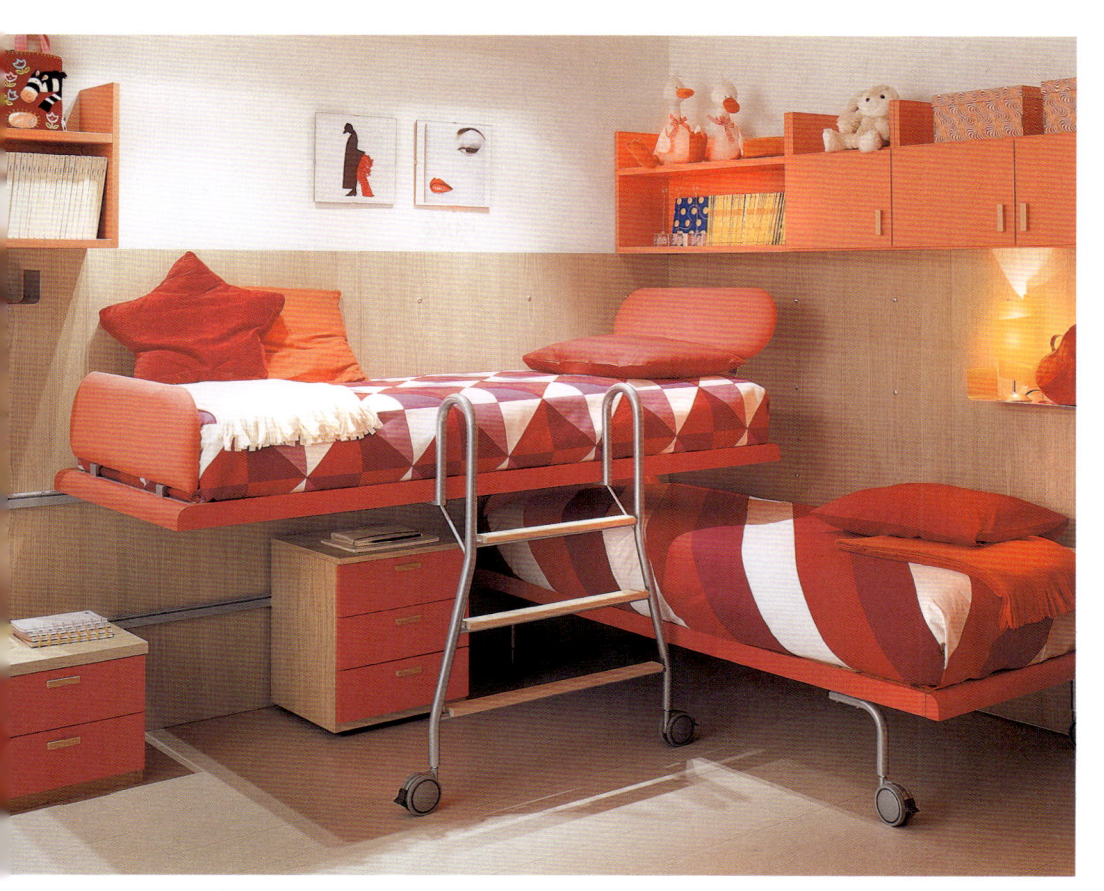

Las ruedas en el mobiliario de este cuarto rojo permiten prácticas formas de distribución. La pared cuenta con unas guías para desplazar las camas y colocarlas una encima de la otra y así ganar espacio.

Le ruote dei mobili di questa cameretta rossa permettono pratiche modalità di distribuzione. La parete dispone di guide per spostare i letti e sistemarli uno sopra l'altro in maniera tale da sfruttare il più possibile gli spazi.

The wheeled furniture in this red room allows different layouts to be configured. The wall has a rail fitted to allow the beds to be moved and placed one above the other to gain extra space.

As rodas no mobiliário deste quarto vermelho permitem formas de distribuição práticas. A parede dispõe de guias para deslocar as camas e colocá-las uma por cima da outra e dessa forma ganhar espaço.

Cargado de luz, el escritorio con ruedas se adapta para formar una mesa de estudio. Un gran armario, una cajonera, la mesita de noche y dos estantes en la pared organizan los objetos.

Full of light, this desk on wheels adapts to become a studio table. The belonging are organised in a large wardrobe, a chest of drawers, a bedside table and two shelves on the wall.

Inondata di luce la scrivania con le ruote si presta a formare un tavolo per lo studio. Un grande armadio, una cassettiera, il comodino e due mensole sulla parete sono sufficienti ad ordinare gli oggetti.

Inundada de luz, a secretária com rodas adapta-se e dá forma a uma mesa de estudo. Um armário grande, uma cómoda, a mesa de cabeceira e duas estantes na parede organizam os objectos.

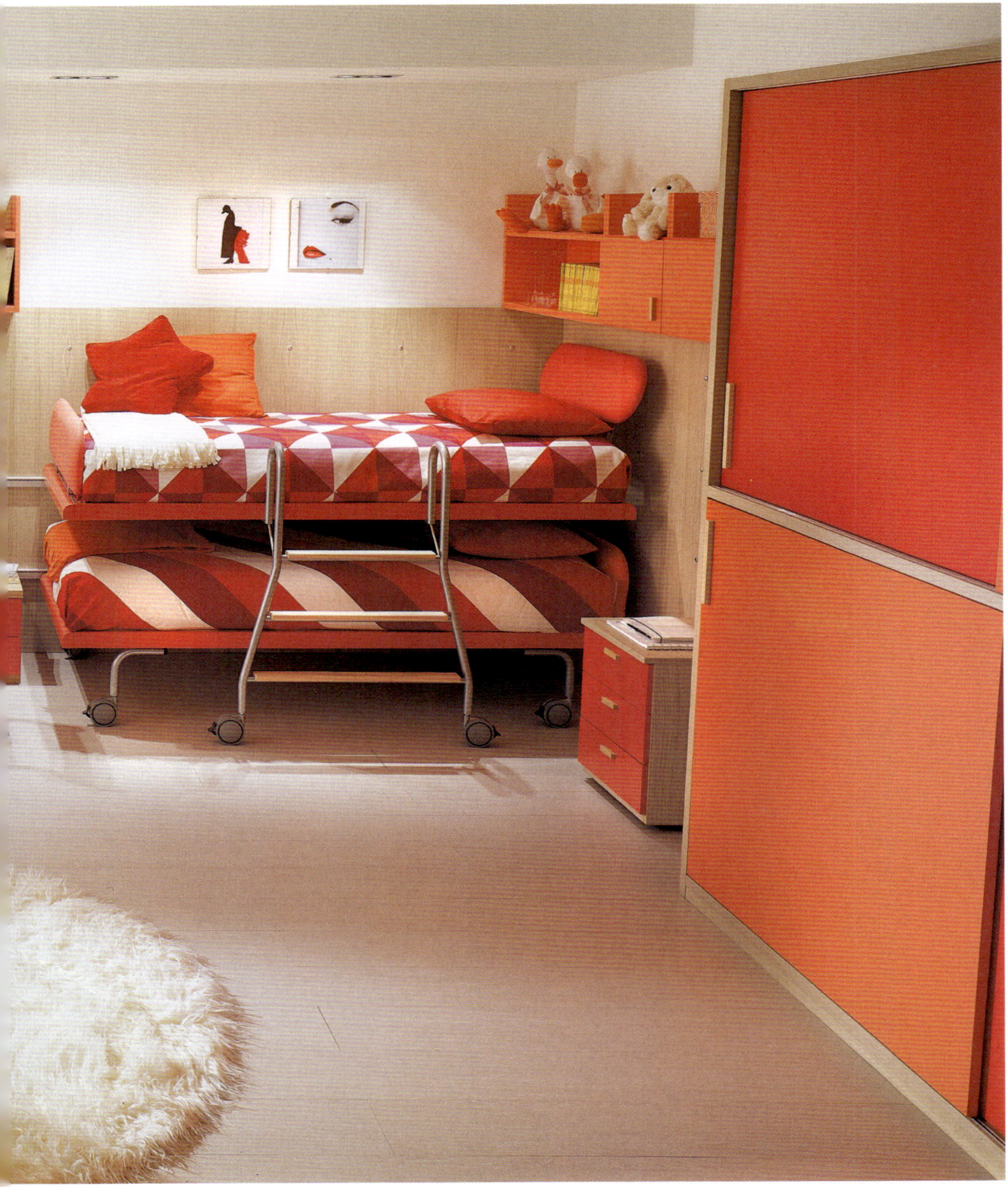

Sporty Atmosphere

Una espaciosa litera junto a un escritorio y un cómodo sofá-cama. Estos cuartos con luz natural pertenecen a jóvenes deportistas, a quienes ofrecen un ambiente ideal para el descanso después del ejercicio.

Uno spazioso letto a castello, assieme alla scrivania e ad un comodo divano-letto. Queste luminose camerette appartengono a giovani atleti per i quali rappresentano un ambiente ideale per il riposo dopo l'esercizio.

This room has a spacious bunk bed next to a desk and a comfortable sofa bed. These naturally lit rooms are inhabited by budding athletes, giving them an ideal space to rest after exercising.

Um beliche espaçoso junto a uma secretária e a um cómodo sofá-cama. Estes quartos com luz natural pertencem a jovens desportistas, e proporcionam a estes um ambiente ideal para o descanso após o exercício.

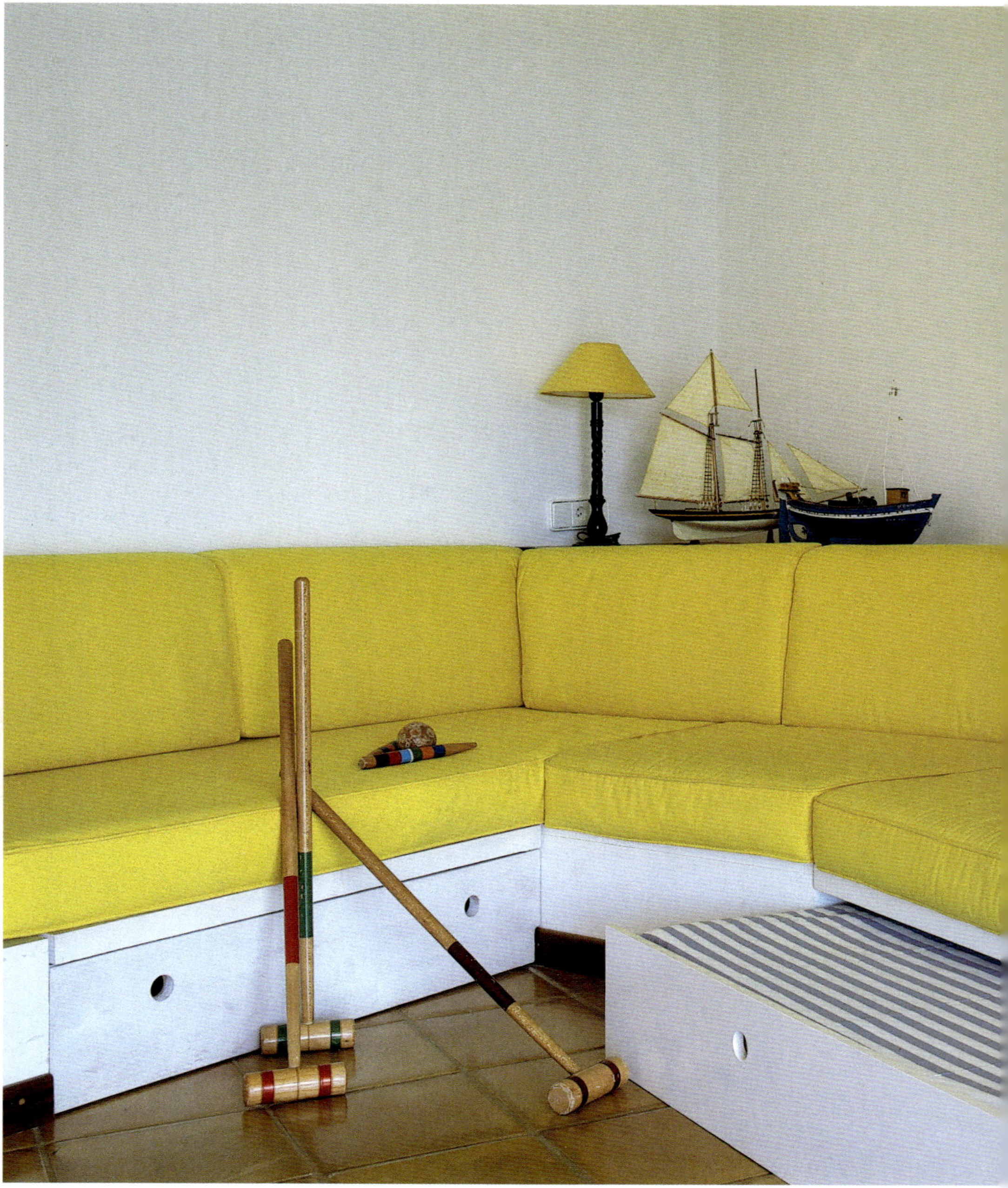

Este amplio sofá con almohadones amarillos permite compartir y el ocio y el descanso con los compañeros de equipo. Debajo, en su estructura, cuenta con una cama y una cajonera.

This large sofa with yellow cushions allows the inhabitants to share leisure and rest time with teammates. Below, in its structure, it has a bed and drawer.

Questo ampio divano con cuscini gialli consente di condividere il tempo libero e il riposo con i compagni di squadra. Nella parte sottostante alla struttura, si trova il letto e la cassettiera.

Este amplo sofá com almofadões amarelos permite partilhar o lazer e o descanso com os colegas de equipa. Na parte inferior da sua estrutura, dispõe de uma cama e de uma gaveta.

Girl's Room

Este cuarto es un ambiente con mucho color, con la combinación de verde, violeta y naranja como paleta principal. La pared de la cabecera de la cama está decorada con círculos de distintos tamaños.

This room has lots of colour, with the combination of green, purple and orange forming the main palette. The wall of the headboard is decorated with circles of different sizes.

Questa cameretta è un ambiente coloratissimo, in cui predomina l'alternanza del verde, del viola e dell'arancione. La parete della testata del letto è stata decorata con cerchi di diverse dimensioni.

Este quarto é um ambiente com muita cor, tendo a combinação de verde, violeta e laranja como paleta principal. A parede da cabeceira da cama está decorada com círculos de diferentes tamanhos.

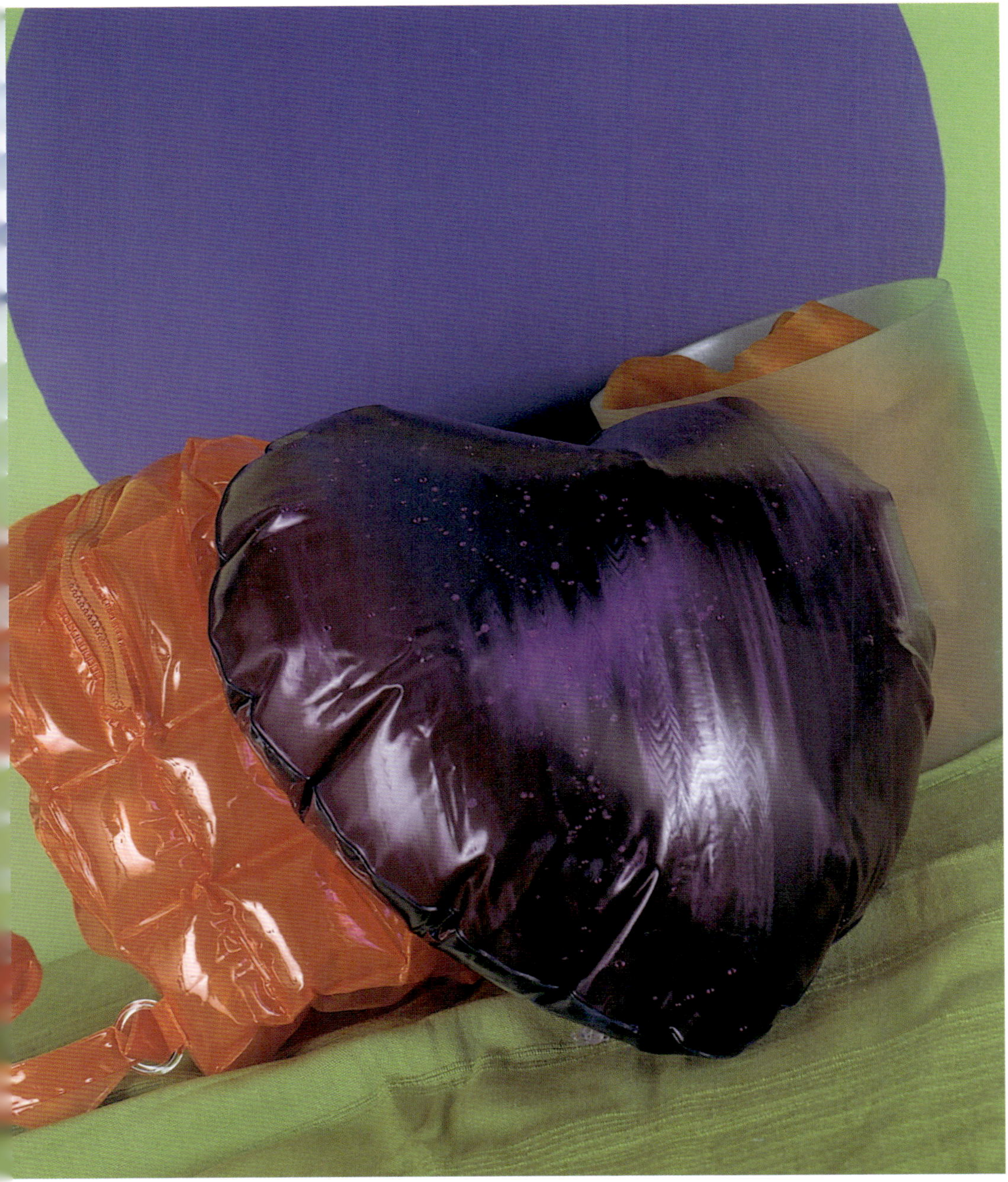

El teléfono es de un llamativo color naranja, y contrasta con el verde de la pared. El velador de aluminio permite dirigir la luz hacia la cama. Además, una caja plástica ordena los discos.

The phone is a striking orange and contrasts with the green wall. The aluminium lamp allows light to be directed onto the bed. A plastic box is used for organising records.

Il telefono, di un appariscente arancione, contrasta con il verde della parete. La lampada in alluminio consente di indirizzare la luce verso il letto, mentre in una scatola in plastica è possibile sistemare ordinatamente i dischi.

O telefone tem uma chamativa cor laranja, e contrasta com o verde da parede. O candeeiro de alumínio permite dirigir a luz para a cama. Adicionalmente, um caixa plástica organiza os discos.

Los accesorios son objetos básicos que, con su original y moderno diseño, le dan el toque final y especial a la decoración. Aquí se ve un pequeño espejo con marco de flores y un reloj en forma de flor.

Accessories are basic objects that, with original and modern designs, give special finishing touches to décor. Here is a small mirror in a floral frame and a flower-shaped clock.

Gli accessori sono oggetti basici che, con il loro originale e moderno disegno, danno il tocco originale definitivo alla particolare decorazione in cui spicca un piccolo specchio con una fiorita cornice e un orologio a forma di fiore.

Os acessórios são objectos básicos que, com o seu design original e moderno, dão o toque final e especial à decoração. Aqui é mostrado um espelho com uma moldura de flores e um relógio em forma de flor.

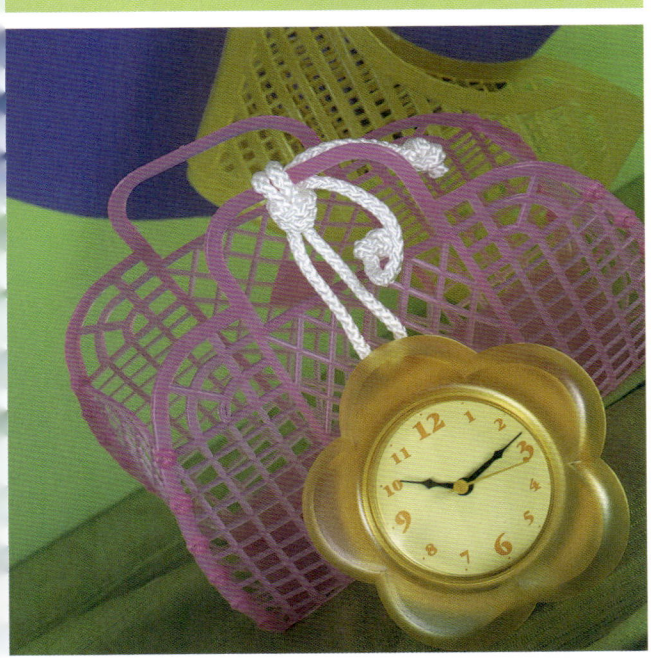

En el suelo, en un rincón de la habitación, se colocaron cestos para la ropa sucia. De color blanco translúcido, estos elementos ayudan a mantener el orden y la limpieza.

Laundry baskets have been placed on the floor in one corner of the room. In translucent white, these baskets help to keep the room organised and clean.

Sul pavimento, in un angolo della cameretta, sono stati sistemati dei cesti per la biancheria da lavare. Questi elementi in bianco traslucido aiutano a preservare l'ordine e la pulizia.

No solo, num recanto do quarto, foram colocados cestos para a roupa suja. De cor branca transparente, estes elementos ajudam a manter a ordem e a limpeza.

Los accesorios se complementan con el verde y el violeta de la pared. Dos pequeños espejos, sostenidos por estructuras plásticas circulares de estilo pop en naranja y verde, adornan la habitación junto a un cuadro.

Gli accessori s'integrano nel verde e nel viola della parete. Due piccoli specchi sostenuti da strutture in plastica circolari, stile pop, in arancione e verde adornano la cameretta assieme ad un quadro.

The accessories are complemented by the green and purple in the wall. Together with a picture, there are two small mirrors, supported by pop-style orange and green circular plastic structures.

Os acessórios são complementados pelo verde e pelo violeta da parede. Dois pequenos espelhos, incorporados em estruturas plásticas circulares de estilo pop de cor laranja e verde, adornam o espaço em conjunto com um quadro.

Dada la arquitectura interior, a través del color y el mobiliario, se construye un espacio recreativo y de descanso. Junto a la mesa de noche y cajonera, un revistero almacena material de lectura.

Owing to the particular interior architecture of this space, colour and furniture was used to create a space for recreation and rest. Next to the night table and chest of drawers, a magazine rack stores reading material.

Data l'architettura interna, attraverso il colore e i mobili, si costruisce uno spazio ludico e riposante. Vicino al comodino e alla cassettiera, un porta riviste che consente di ordinare il materiale di lettura.

Dada a arquitectura interior, através da cor e do mobiliário, foi construído um espaço para descontrair e descansar. Junto à mesa de cabeceira e cómoda, foi colocado um porta-revistas para arrumar material de leitura.

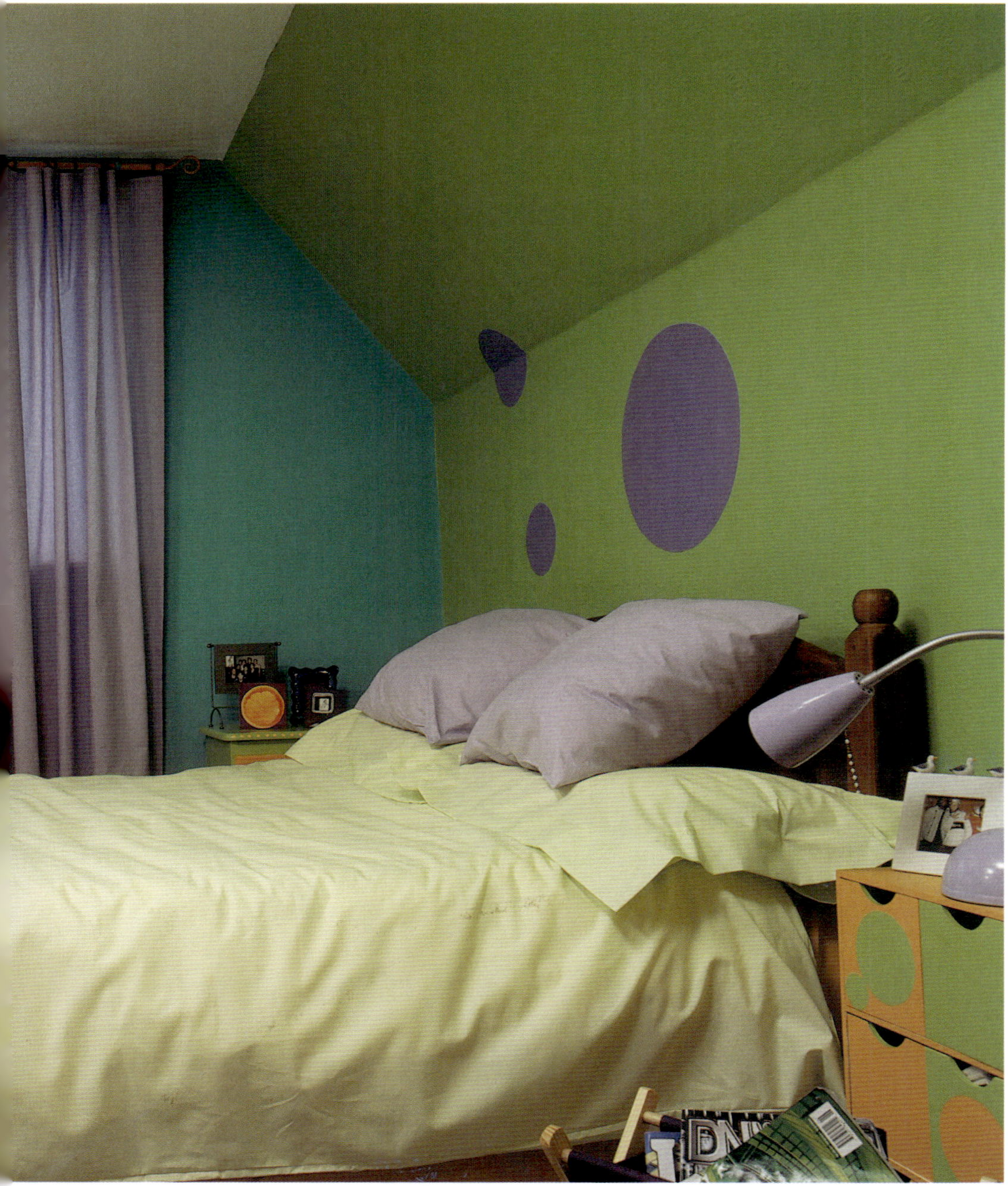

Chill Out

Los muebles de este cuarto –plateados y en aluminio– son tan funcionales como decorativos. Proporcionan comodidad en el almacenamiento y un estilo acorde con los gustos de la adolescente.

I mobili di questa cameretta –argentati e in alluminio– sono oltre che funzionali, decorativi. Consentono di conservare quanto occorre con una certa comodità e presentano uno stile adeguato al gusto dell'adolescente.

The silver and aluminium furniture in this room is both functional and decorative, giving convenient storage space and a style in keeping with teenage tastes.

Os móveis deste quarto – prateados e em alumínio – são tão funcionais como decorativos. Proporcionam comodidade em termos de arrumação e um estilo que agrada à adolescente.

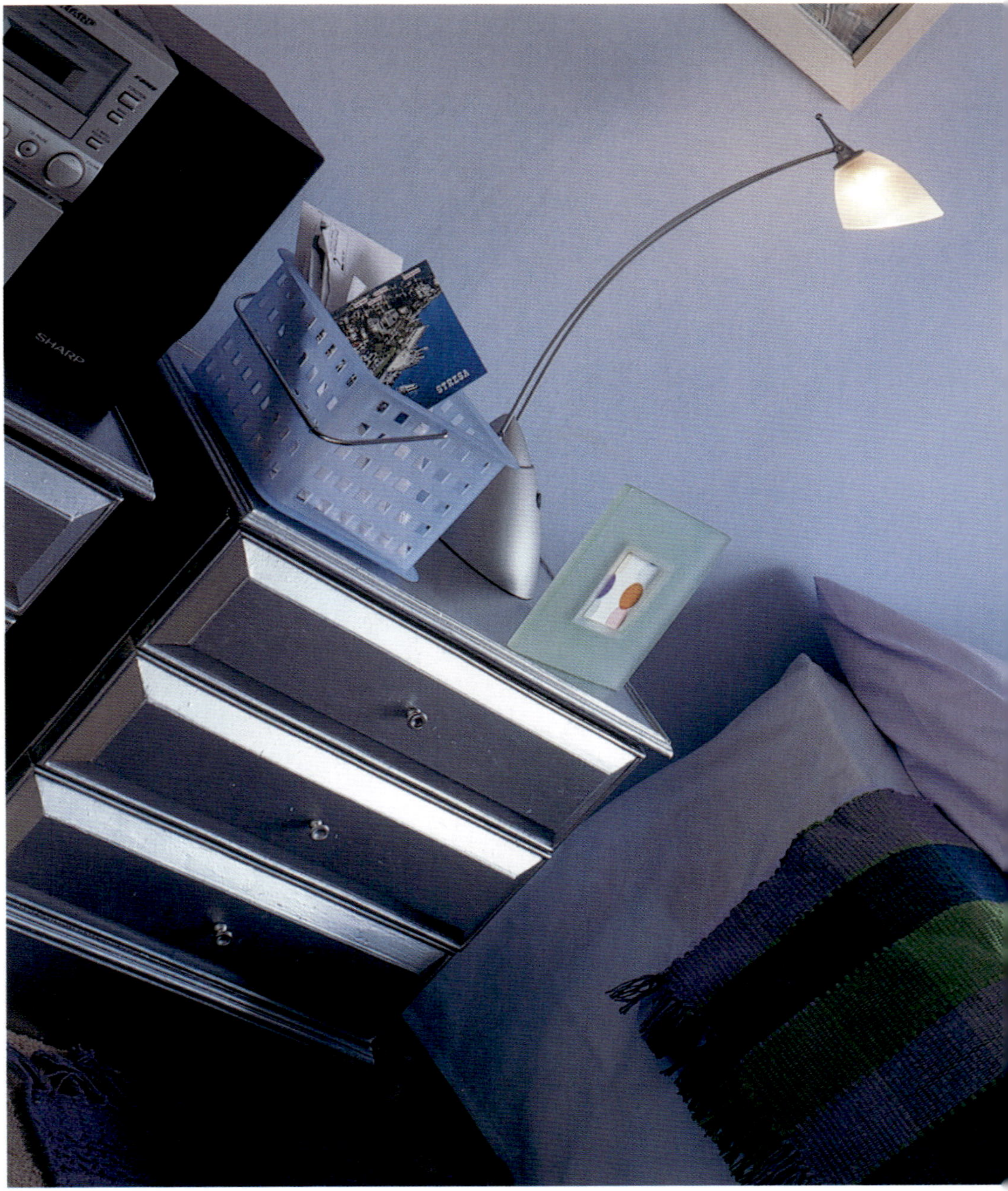
SHARP
STRESA

Es importante generar espacios donde poder colocar a la vista elementos que se usan a diario. Sobre una de las cajoneras, se ubicó el imprescindible equipo de música. En otra, los discos y adornos.

It is important to create spaces in which everyday items can be placed at hand. The ever-essential sound system is placed on one of the chest of drawers. Another has CDs and ornaments.

È importante creare spazi nei quali poter sistemare, lasciandoli in vista, gli elementi che si usano ogni giorno. Su una delle cassettiere è stato sistemato lo stereo mentre sull'altra sono stati appoggiati i cd e i diversi adorni.

É importante criar espaços onde colocar à vista elementos que são usados diariamente. Sobre uma das cómodas, foi colocado o imprescindível equipamento de música. Noutra, CDs e ornamentos.

Furniture and Additions

A la hora de configurar la habitación del niño, es importante concebir el mobiliario y los complementos de manera que puedan crecer con sus necesidades y deseos. El mobiliario básico debería ser más bien neutro, mientras que los accesorios deberían adaptarse a su edad. Demasiado color y diseño infantil recargan el espacio y pueden provocar el rechazo del niño al crecer. Los fabricantes son conscientes de esto y ofrecen muebles infantiles que se pueden transformar, ampliar o modificar. Así, hay cunas que luego se pueden convertir en tumbonas o, si se prefiere, en escritorios.

When decorating the children's room, it is important to use furniture and accessories which are can grow with their needs and desires. The basic furniture should be neutral and the accessories should be adaptable for any age. Too much color and infantile design overpowers the space and may not be to the child's tastes as it grows. The manufacturers are aware of this and offer suitable furniture which can be changed, enlarged or modified. There are, therefore, cribs which can later be transformed into mini sofas or desks if necessary.

Nell'arredamento delle stanze dei bambini i mobili e gli accessori dovrebbero essere concepiti in modo che possano adeguarsi alle esigenze ed ai loro desideri. Per questo l'arredamento di base dovrebbe essere neutrale e gli accessori adeguati alle rispettive età. Troppo colore e design infantile, per esempio, non solo sovraccaricano la stanza ma vengono poi anche spesso rifiutati dagli adolescenti. Anche i fabbricanti hanno colto questo pensiero ed offrono mobili per bambini che si possano trasformare, ingrandire e cambiare. Esistono lettini estensibili che più tardi possono diventare letti e che volendo possono essere addirittura trasformati in scrivania.

Na hora de configurar o quarto da criança, é importante conceber o mobiliário e os complementos de modo a que possam crescer com as suas necessidades e desejos. O mobiliário básico deverá ser bastante mais neutro, enquanto que os acessórios devem adaptar-se à sua idade. Demasiada cor e design infantil sobrecarregam o espaço e podem provocar a rejeição da criança quando crescer. Os fabricantes estão conscientes disso e oferecem móveis infantis que se podem transformar, ampliar ou modificar. Deste modo, existem berços que rapidamente se podem converter em cadeiras longas ou, se preferir, num escritório.

Furniture

Accessories

Fabrics and Wallpapers

Toys

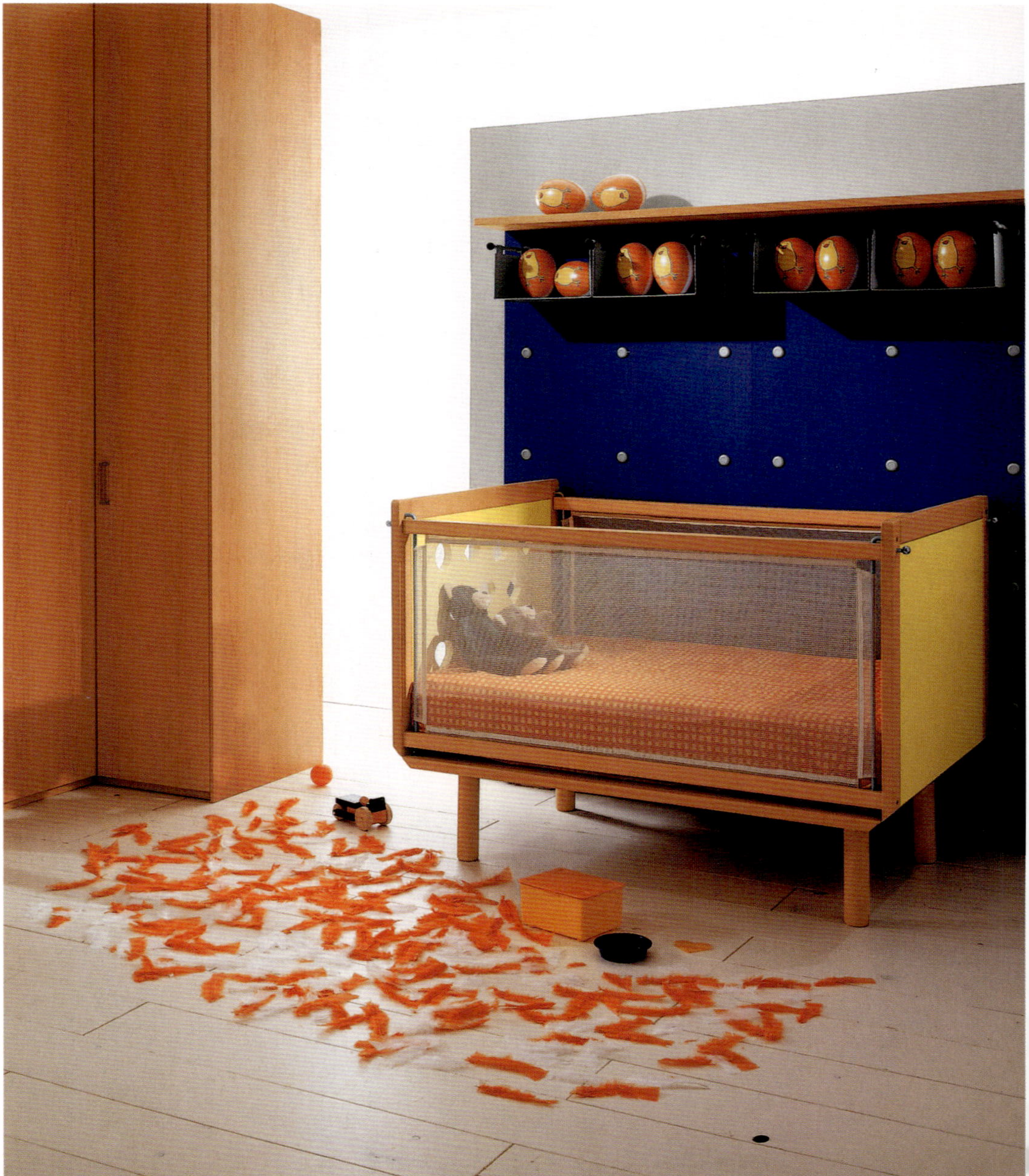

Furniture

Los muebles infantiles deben resistir mucho. Por eso, al elegir un conjunto resulta importante, además del diseño, que sean muebles sólidos y compuestos por materiales adecuados para la seguridad y la salud de los pequeños. Aunque están muy de moda los muebles fáciles de mover y de transformar, si hay poco espacio las literas satisfacen las exigencias de todas las edades, por lo que se han convertido en un producto que cada vez tiene mayor demanda.

I mobili delle stanze dei bambini devono essere molto resistenti e quindi la sicurezza e la solidità, oltre alla non nocività dei materiali ed un arredamento idoneo, hanno un ruolo importante nella scelta. Sono in voga i mobili flessibili che si possono spostare e trasformare facilmente e in caso di spazio limitato i letti a soppalco soddisfano le esigenze di quasi tutte le età, diventando uno dei prodotti più richiesti dal mercato.

Children's furniture must be very resistant. So, when choosing an item, it is important to consider its resistance and durability, as well as its design. The safety and health of the youngster is paramount. Although furniture that can be easily altered and moved is now fashionable, when there is a shortage of space, bunk beds are ideal for all ages and have retained their classic status.

Os móveis infantis podem resistir muito. Por isso, ao escolher um conjunto, é importante que os móveis, além do design, sejam sólidos e compostos por materiais adequados à segurança e saúde das crianças. Embora estejam muito na moda os móveis fáceis de mover e de transformar, se tiver pouco espaço, os beliches satisfazem as exigências de todas as idades, pelo que se converteram num produto cada vez mais procurado.

Esta es una sólida cajonera de madera que organiza la ropa a la vez que transporta a los niños a la naturaleza. Fue pintada de color tierra, con la ilustración de una mariquita.

Questa è una solida cassettiera in legno che permette di sistemare ordinatamente gli abiti ma che, allo stesso tempo, trasporta i bambini nel mondo della natura. È stata dipinta in color terra, con l'immagine di una coccinella.

This solid wood chest of drawers organises clothes while transporting children to nature. It was painted in an earthy colour and adorned with a picture of a ladybird.

Esta é uma cómoda sólida de madeira que organiza a roupa transportando simultaneamente as crianças para a natureza. Foi pintada na cor da terra, com a ilustração de uma joaninha.

Para guardar la ropa y juguetes de los niños, estas divertidas cajoneras y armarios otorgan a la habitación un toque de diseño y color. Son ideales para mantener el orden y estimular la imaginación.

Questi divertenti armadi e cassettiere, ideali per conservare vestiti e giocattoli, danno alla cameretta un tocco di design e di colore. Sono ideali per mantenere l'ordine e stimolano l'immaginazione.

For storing children's clothes and toys, fun chests of drawers and wardrobes give rooms a splash of design and colour. They are ideal for keeping belongings ordered and stimulating the imagination.

Para guardar a roupa e os brinquedos das crianças, estas divertidas cómodas e armários conferem ao quarto um toque de design e cor. Ideais para manter a ordem e estimular a imaginação.

El mimbre, de color natural o blanco, es un material cálido y clásico para el moisés del recién nacido. Para acunar al bebé, se puede combinar con ruedas de madera o con un columpio de hierro.

Wicker, in either a natural or white colour, is a warm classic material for a newborn's cradle. To rock the baby, the crib can be fitted with wooden wheels or fixed on an iron swinging base.

Il vimini, naturale o bianco, è un materiale caldo e classico per la culla dei neonati. Per cullare il bebè è possibile abbinare le rotelle in legno o il sistema a dondolo in ferro.

O vime, de cor natural ou em branco, é um material quente e clássico para a alcofa do recém-nascido. Para que seja utilizada como berço do bebé, a alcofa pode ser combinada com rodas de madeira ou com um baloiço de ferro.

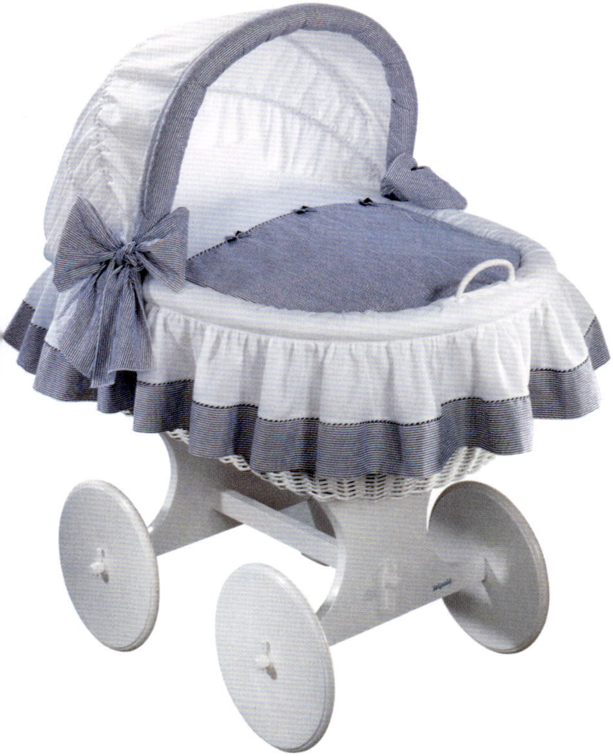

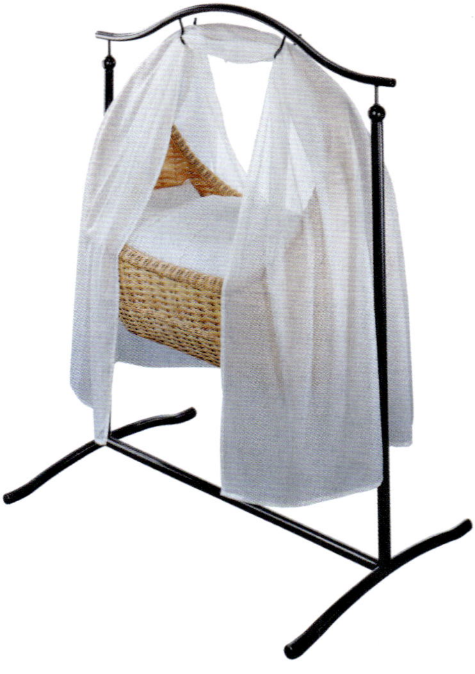

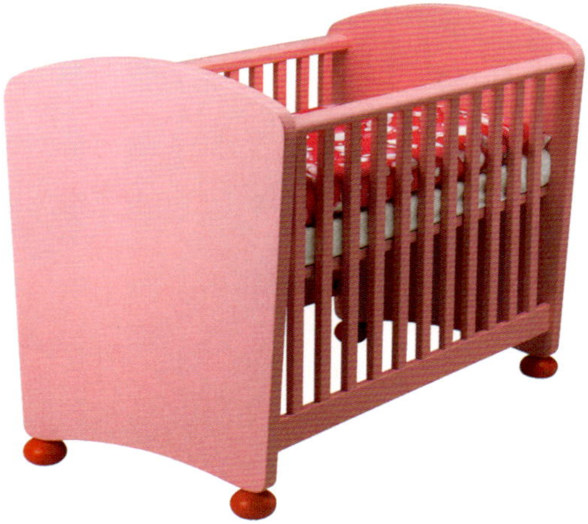
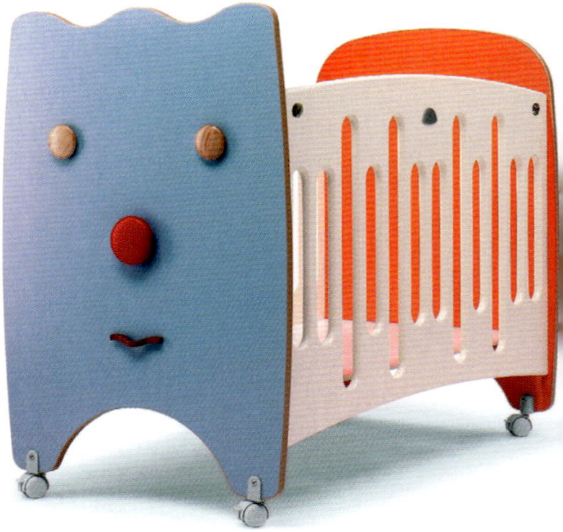
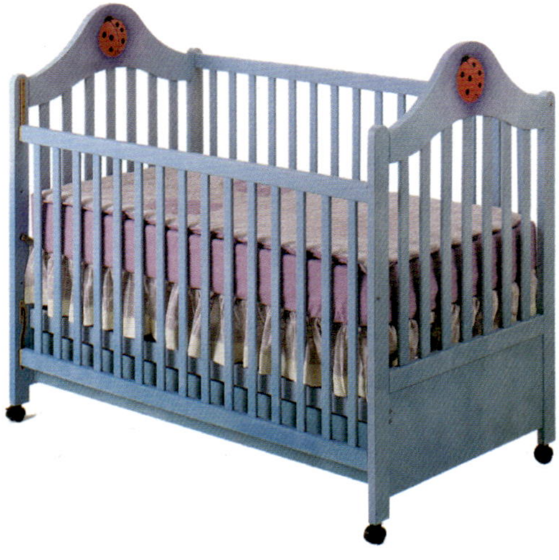
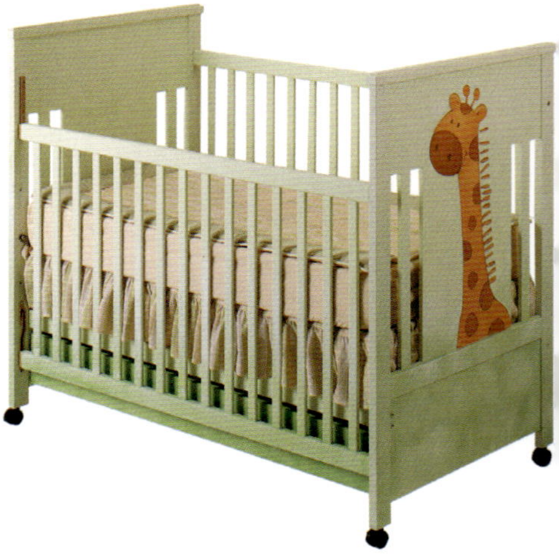

Las ruedas de esta cuna, decorada con ilustraciones o apliques, permiten cambiarla fácilmente de lugar, para alejarla de la luz o del frío de la ventana, o llevarla al cuarto de los padres.

Le rotelle di questa culla, decorata con illustrazioni o applicazioni, consentono di spostarla con facilità allontanandola dalla luce o dal freddo della finestra o di sistemarla nella stanza dei genitori.

The wheels of the cradle, decorated with pictures or appliqués, allow it to be easily moved, perhaps away from the light or draft of a window, or into the parents' room.

As rodas deste berço, decorado com ilustrações ou apliques, permitem mudá-lo facilmente de lugar, para o afastar da luz ou do frio da janela, ou para o levar para o quarto dos pais.

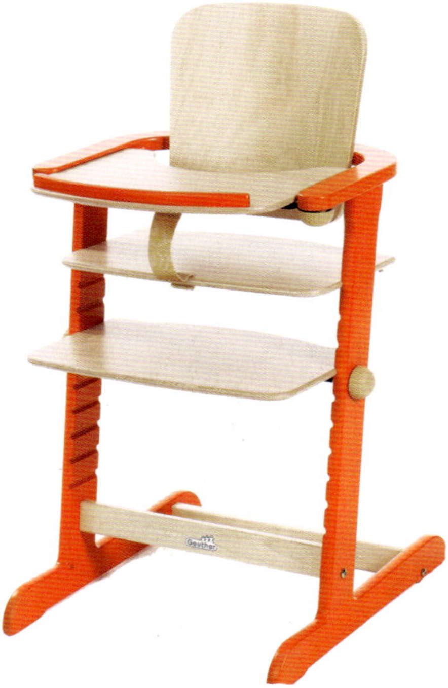

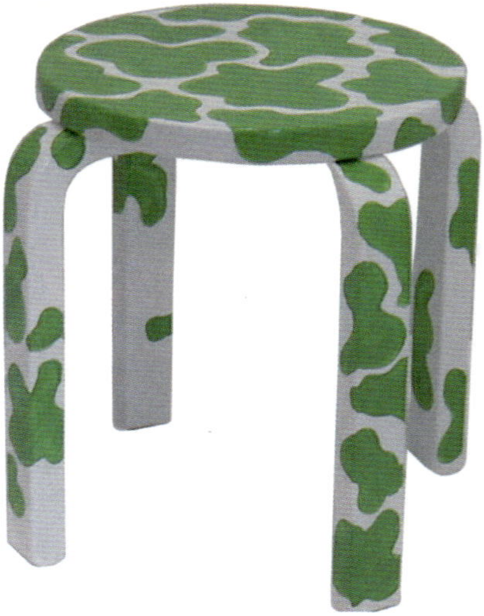

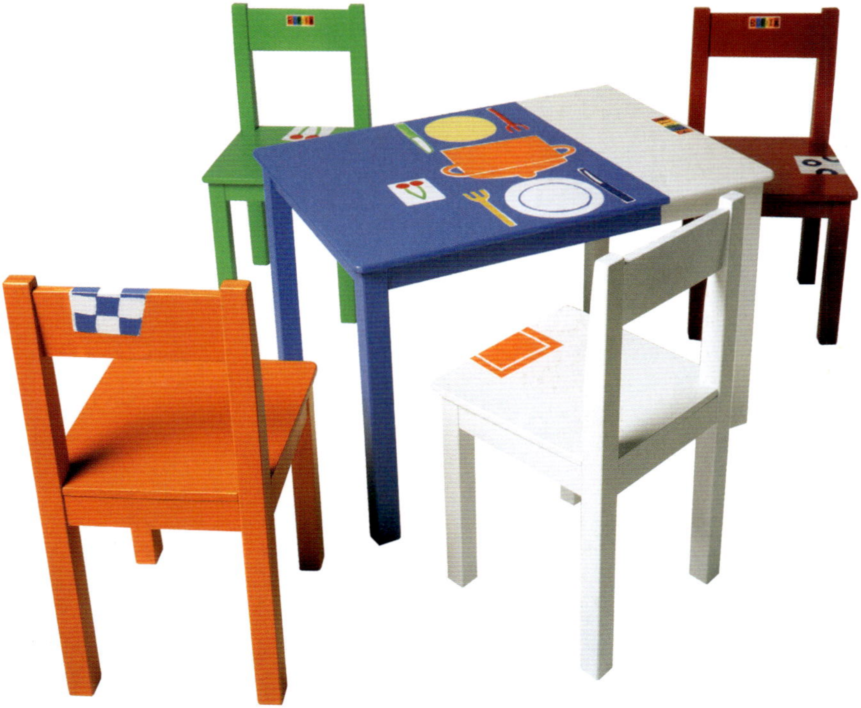

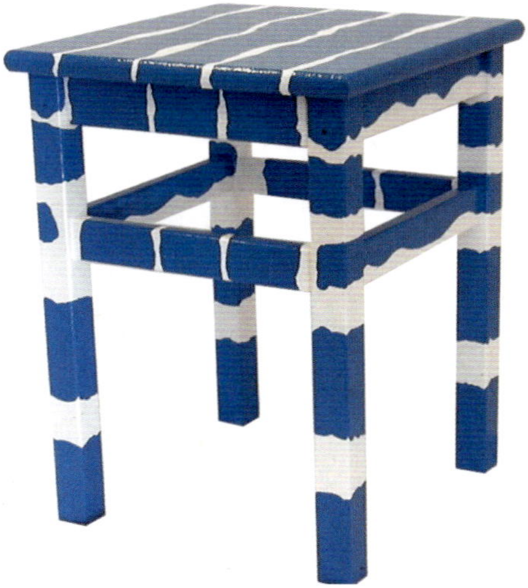

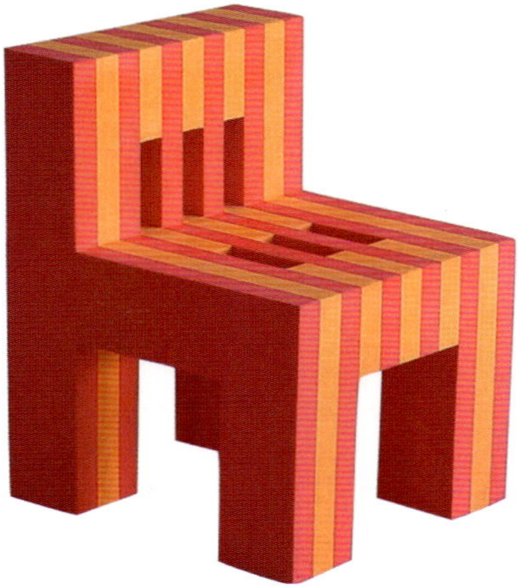

Este juego de mesa está realizado en madera. Su particularidad es que, además de servir como mesa y asiento para los niños, también es un juego en sí, con piezas de encaje que estimulan su motricidad.

La particolarità di questo gioco da tavolo in legno è che, oltre a fungere da tavolo e da sedia per i bambini, è di per sé un gioco con pezzi ad incastro che stimola la motricità dei più piccoli.

This table and chair set is made from wood. Besides serving as a table and chairs for children, its special feature is that it is also doubles as a game with pieces that stimulate motor skills.

Este conjunto de mesa foi construído em madeira. A sua particularidade é que para além de servir como mesa e banco para as crianças, também é um brinquedo, com peças de encaixe que estimulam a motricidade.

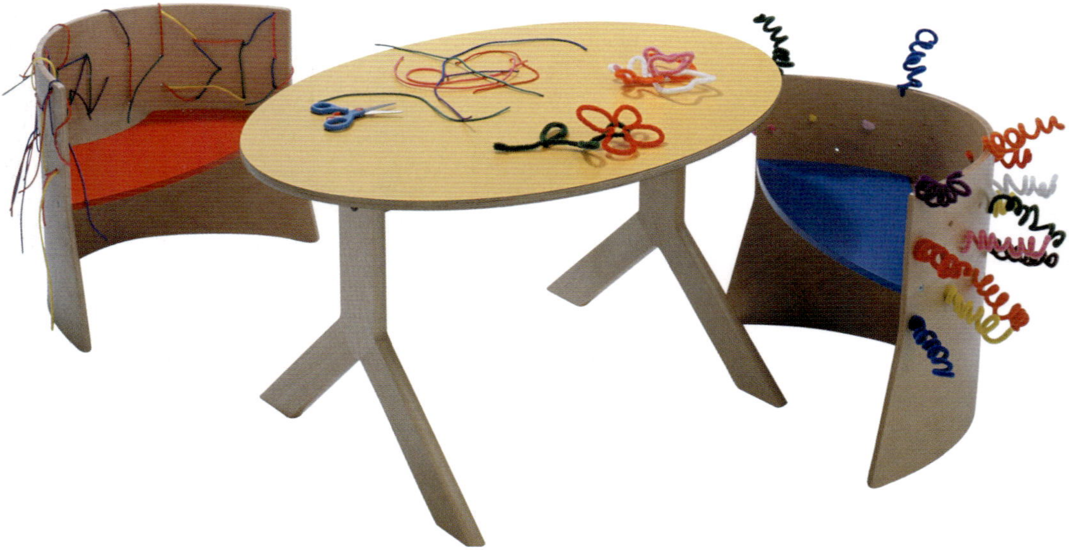

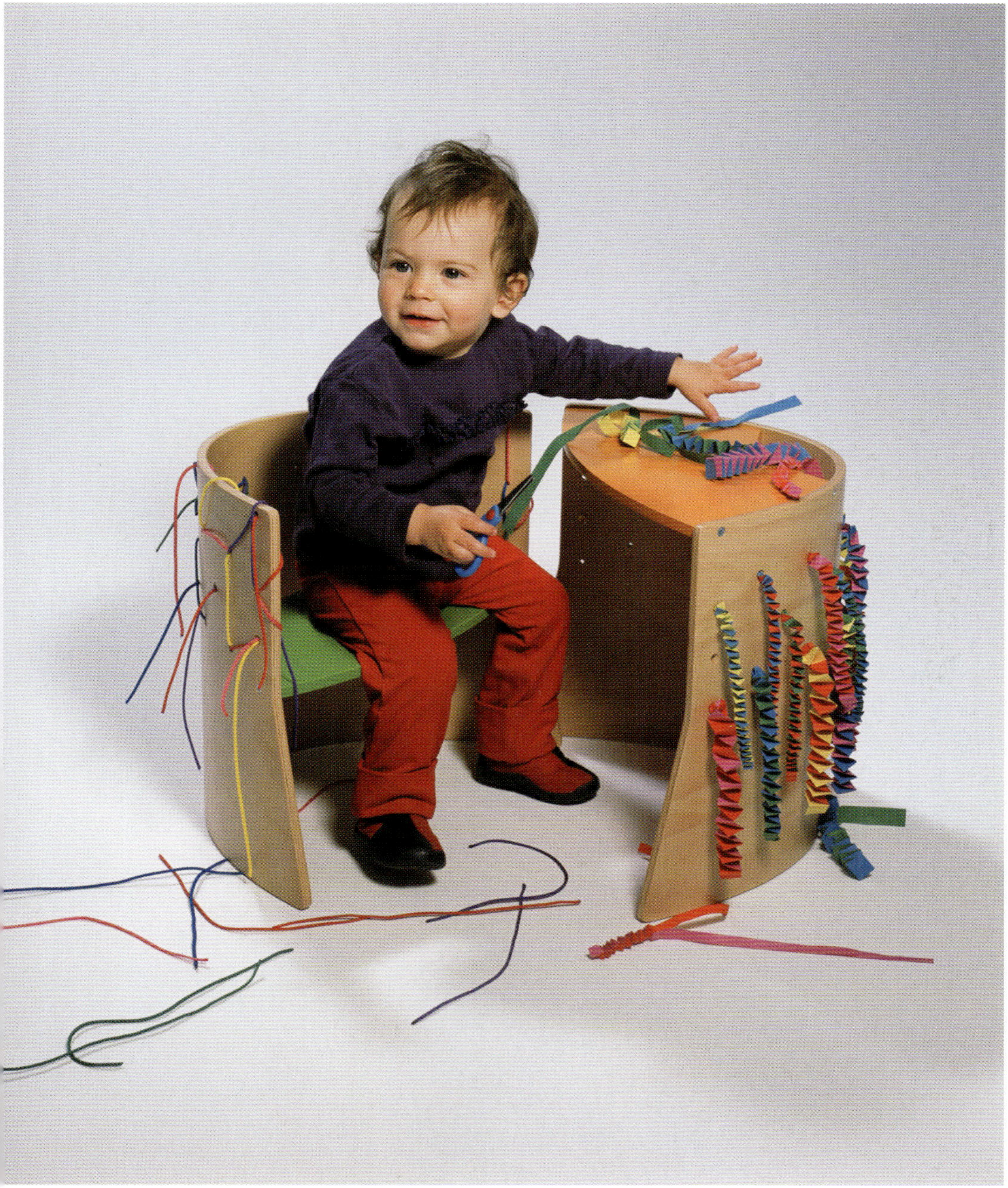

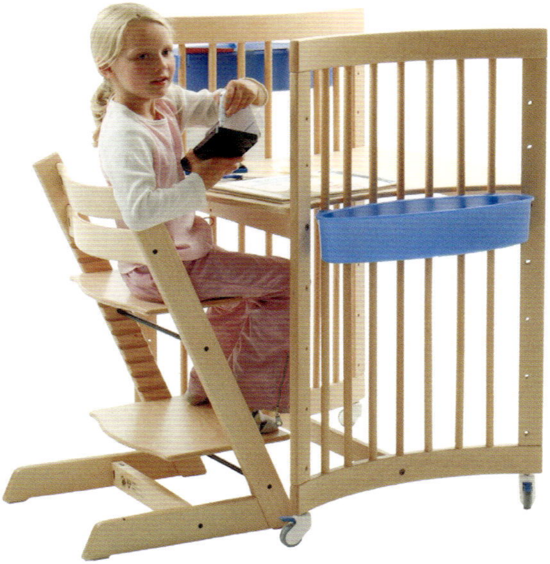

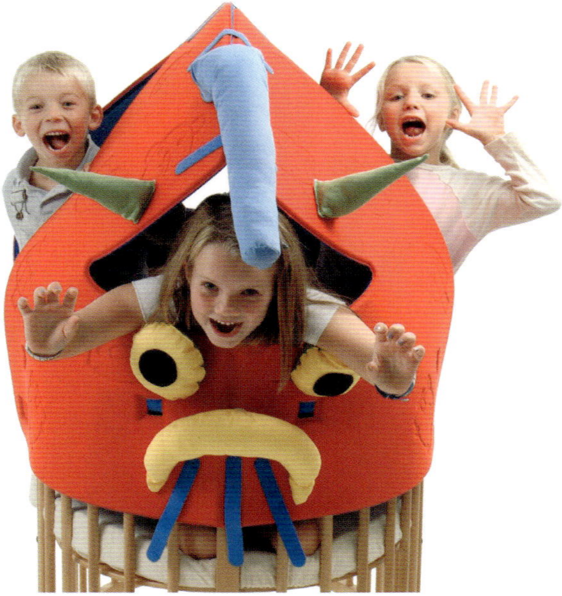

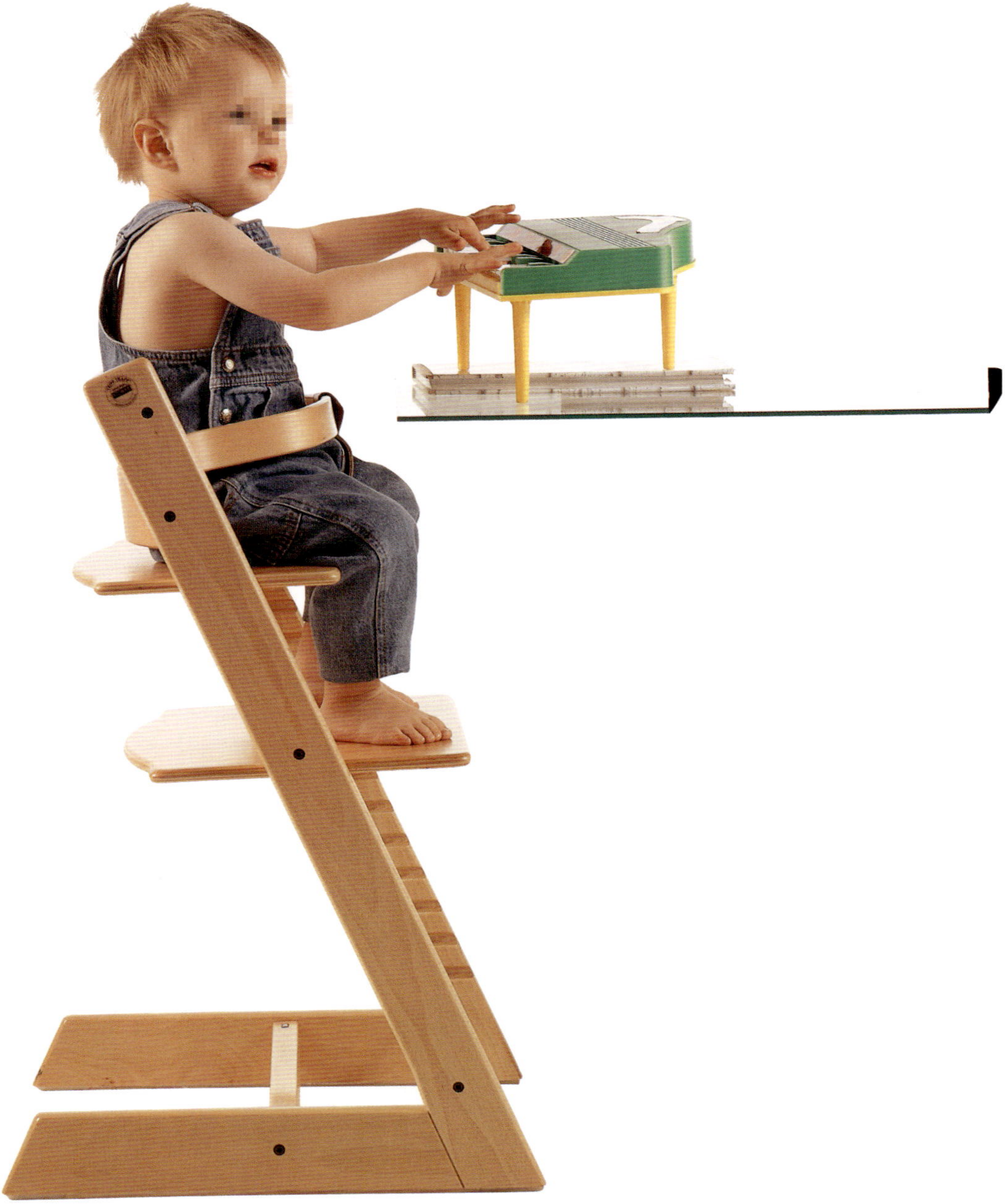

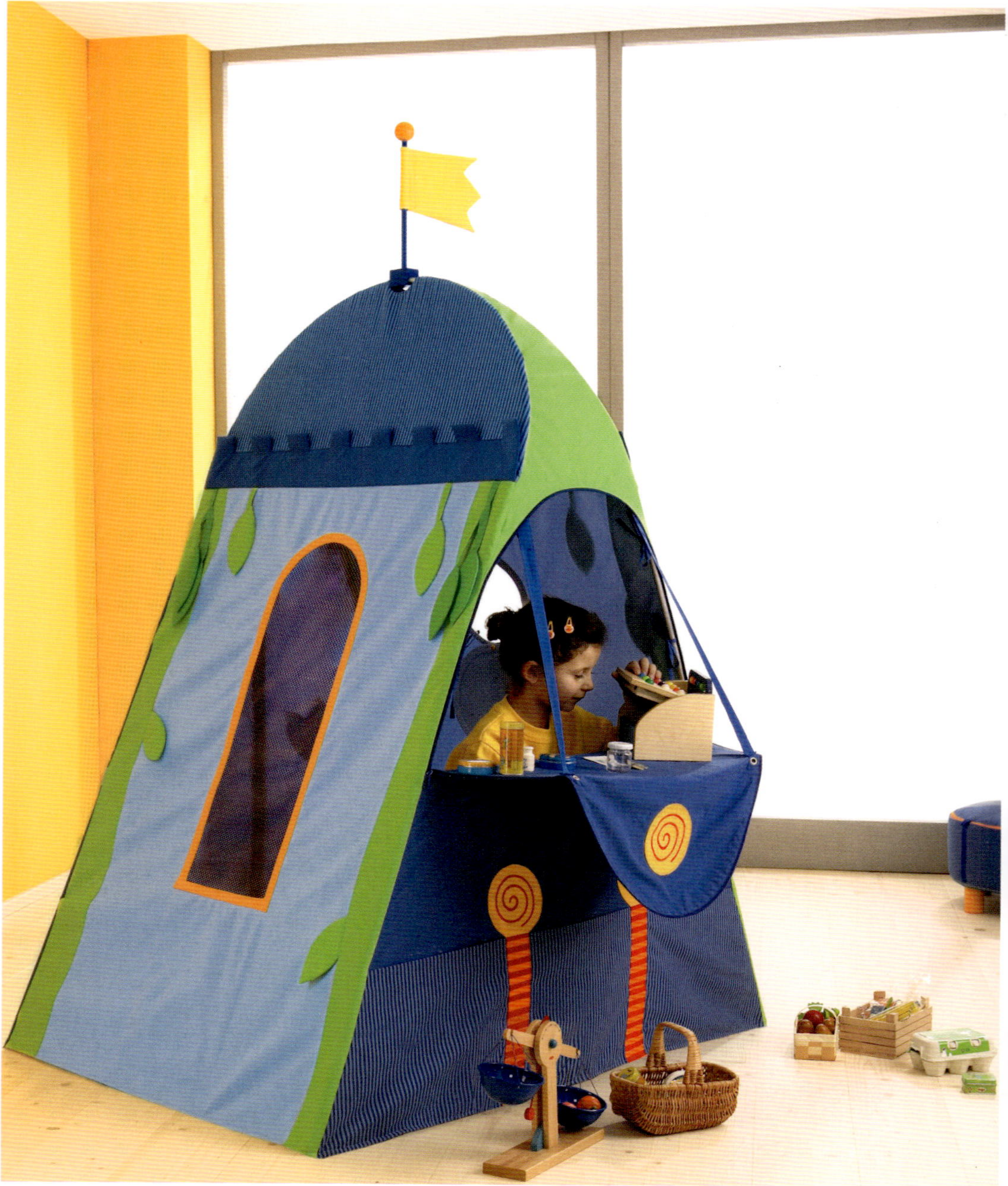

Accessories

Apenas sí hay límites a la creatividad en el diseño de accesorios para las habitaciones de los niños, puesto que en este ámbito es donde mejor se pueden recoger y reflejar la naturaleza y la fantasía infantiles. Lámparas en forma de oso, espejos de Blancanieves o cajones de juegos cerrados con tapas en forma de tortuga llenan de vida al reino de los niños y combinan funcionalidad con un diseño adaptado a cada edad.

Nel design di accessori per la stanza dei bambini quasi non vengono posti limiti alla creatività, che qui puó cogliere e rispecchiare al meglio la natura infantile e la fantasia. Lampade con forma di orso, specchi con quella di Biancaneve o casse di giocattoli con un coperchio in forma di tartaruga, portano vita nel regno dei bambini e combinano la funzionalità con un design orientato ad ogni fascia d'età.

There are very few limits to the creativity and design of accessories for the children's room, since it is where infantile fantasies and nature are best reflected. Bear shaped lamps, Snow White mirrors or boxes of toys with turtle shaped lids bring life to the children's kingdom and combine functionality with a design adaptable for any age.

Quase não existem limites para a criatividade no desenho de acessórios para os quartos de crianças, uma vez que é aqui que melhor se pode reunir e reflectir a natureza e a fantasia infantis. Candeeiros em forma de urso, espelhos com Brancas de Neve, ou caixas de jogos fechadas com tampas em forma de tartaruga dão vida ao reino das crianças e combinam funcionalidade com um design adaptado a cada idade.

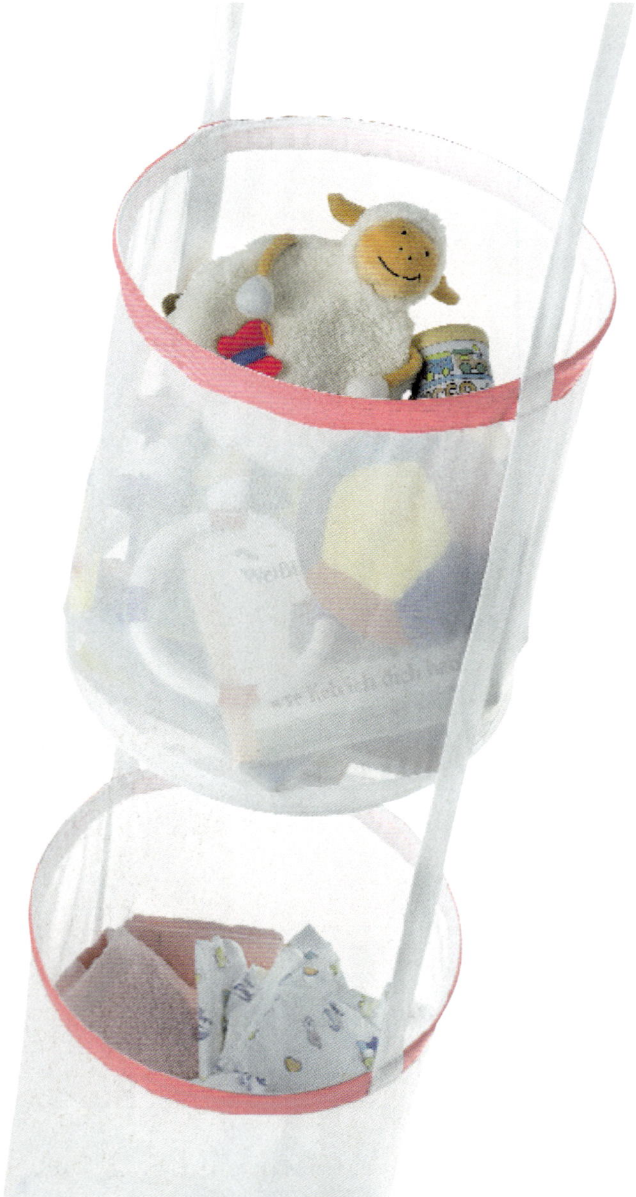

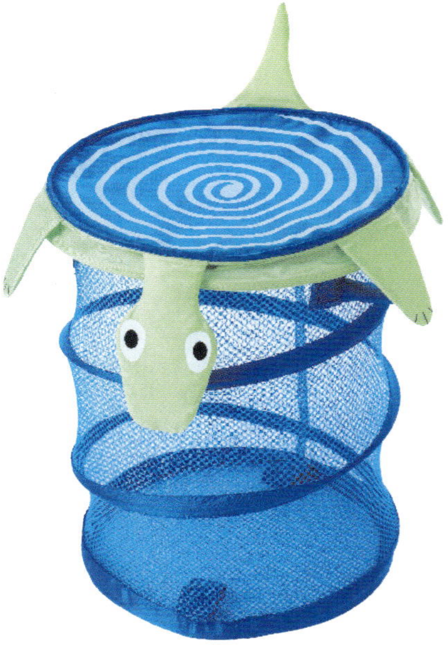

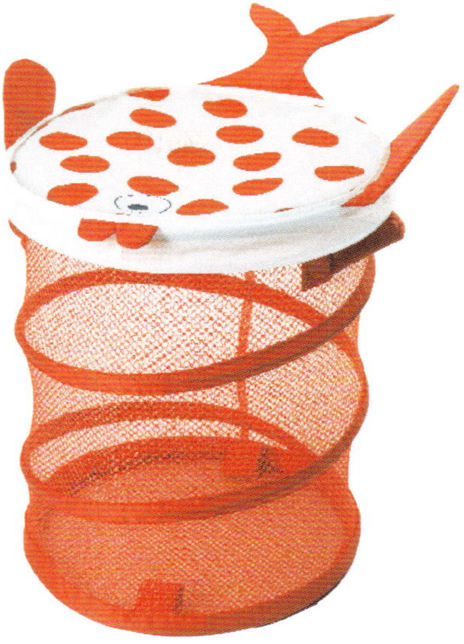

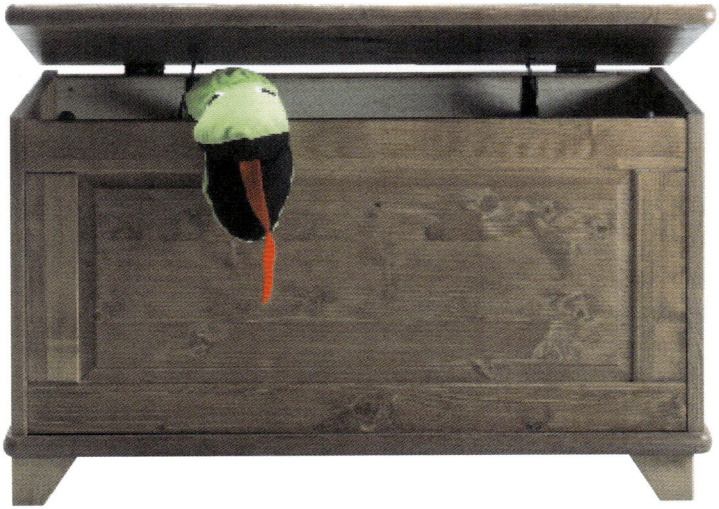

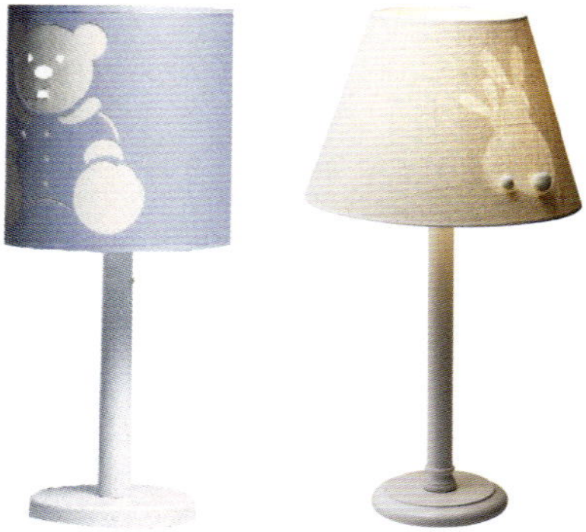

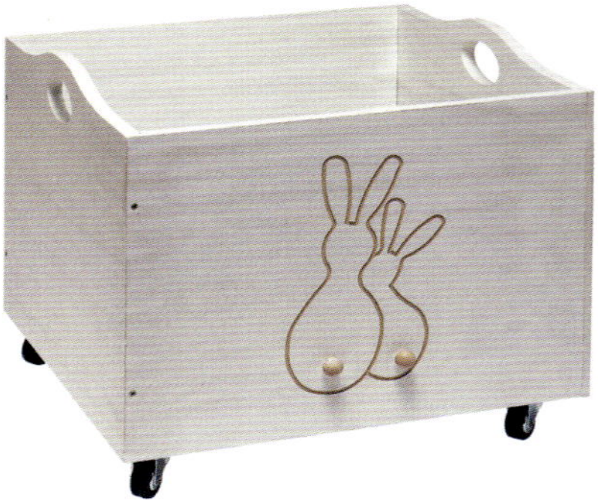

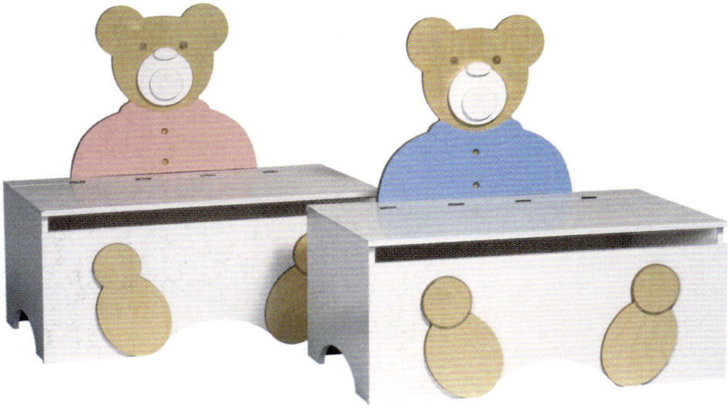

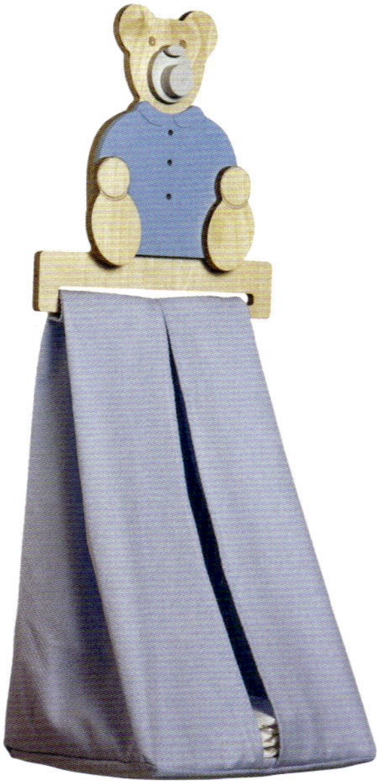

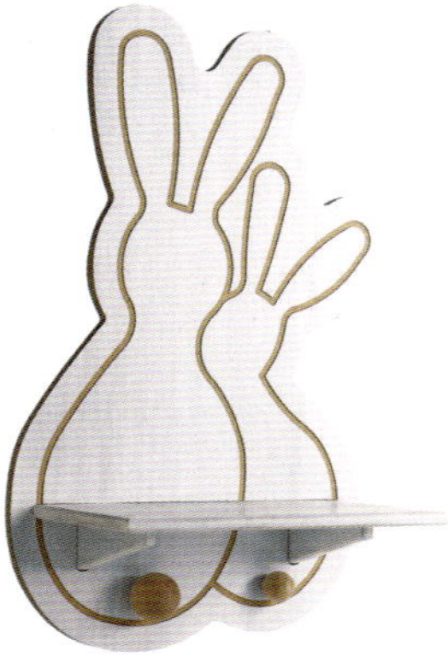

Este es un accesorio para cuna en forma de flor, realizado con una suave textura. Una vez colocado, el espejo central y los animales de peluche aportan color y dulzura e invitan al niño a jugar.

Quest'accessorio per culla a forma di fiore è stato realizzato con morbidi tessuti. Nel sistemarlo, lo specchio centrale e gli animali di peluche, oltre a dare un tocco di colore e dolcezza, stimolano il gioco del bambino.

This is a soft-textured flower-shaped accessory for a cradle. Once in place, the central mirror and stuffed animals give colour and sweetness for little ones to discover how to play.

Este é um acessório para berço em forma de flor, realizado com uma suave textura. Depois de aplicado, o espelho central e os animais de peluche conferem cor e ternura na descoberta do brinquedo.

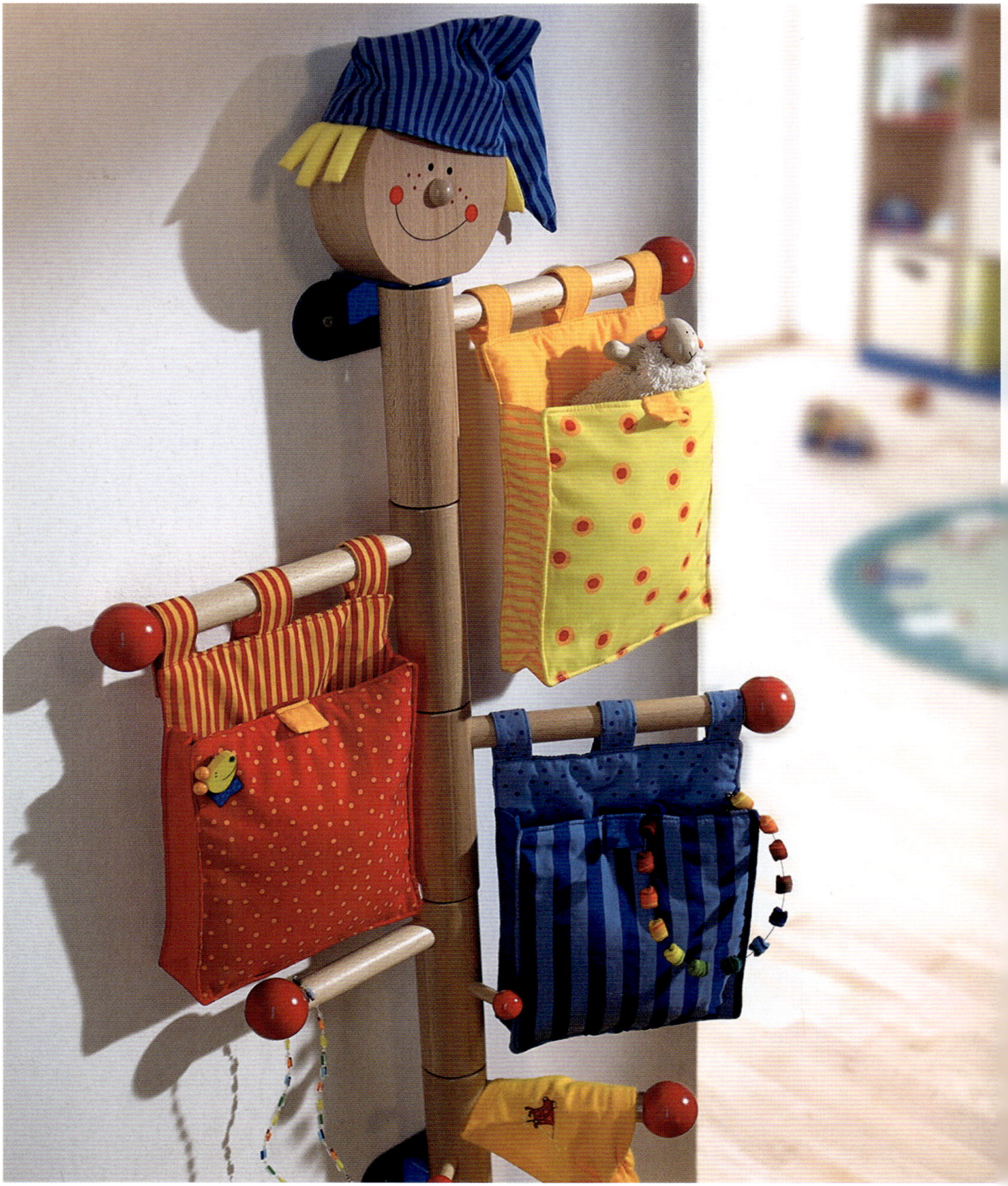

239

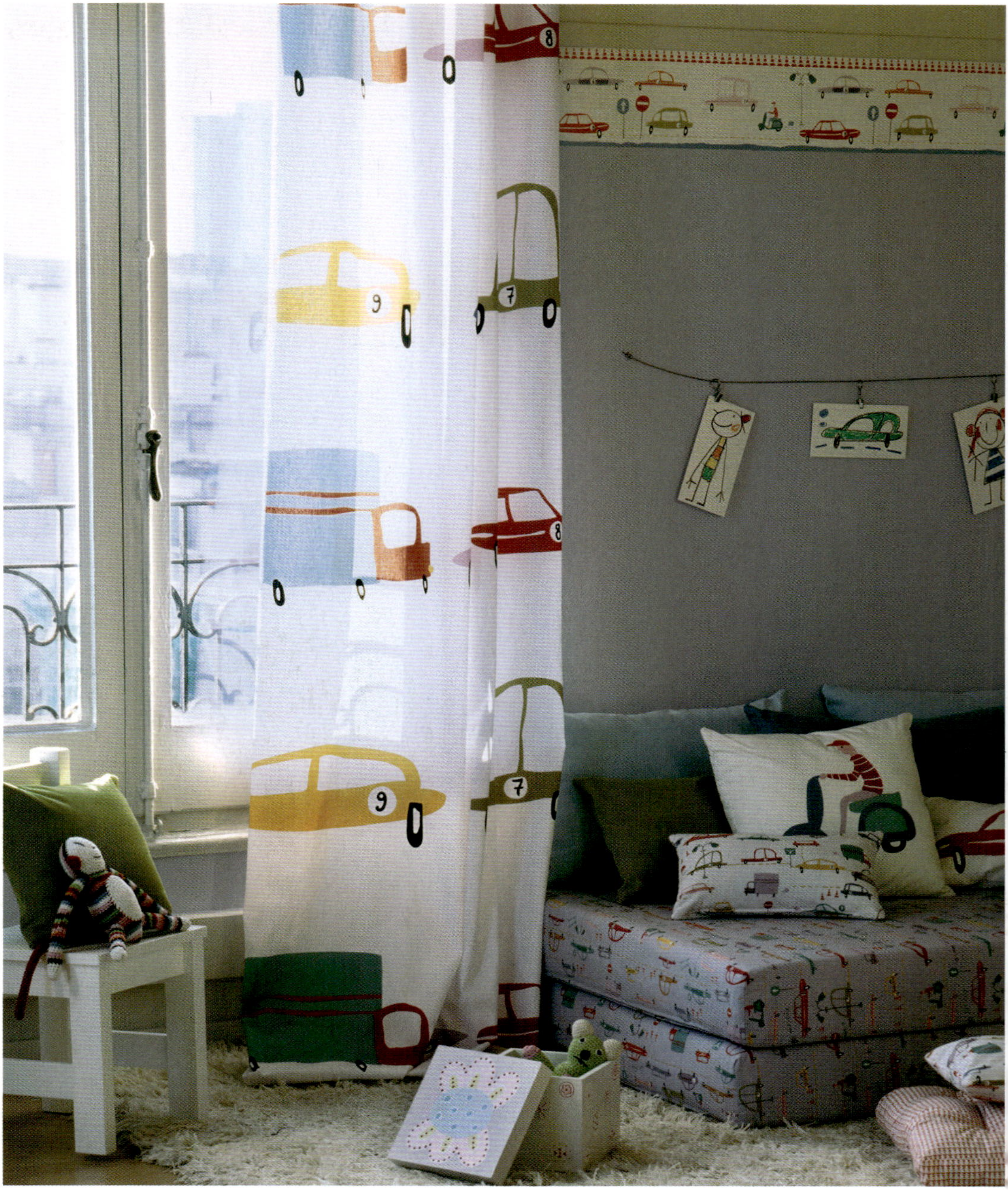

Fabrics and Wallpapers

Con la elección de los tejidos y papeles pintados se abre la posibilidad de dar a la habitación de los niños un toque personal, conforme a cada edad. Los tejidos y papeles pintados se pueden cambiar a voluntad y permiten incluso adaptarse a las estaciones del año o estados de ánimo, sin tener que decidirse de manera definitiva por un estilo o color determinado.

Con la scelta dei tessili e della tappezzeria si ha la possibilitá di dare, rispettando l'età, una nota personale alla stanza dei bambini. I tessili ed anche la tappezzeria si possono variare a piacere ed adeguare alle stagioni dell'anno o agli stati d'animo, senza peró vincolarsi troppo ad un colore o uno stile.

The choice of materials and wall paper gives the children's room a more personal touch. They can be changed as desired and can even be adapted to the seasons of the year or the required ambience, without having to resign oneself to a certain color or style.

Com a escolha de tecidos e papéis de parede cria-se a possibilidade de dar ao quarto de criança um toque pessoal, de acordo com cada idade. Os tecidos e papéis de parede podem ser trocados à vontade e podem até ser adaptados às estações do ano ou a estados de alma, sem ter de se decidir de forma definitiva por um determinado estilo ou cor.

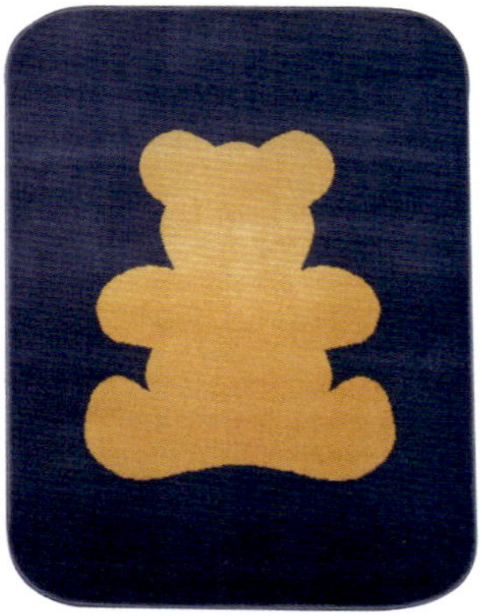

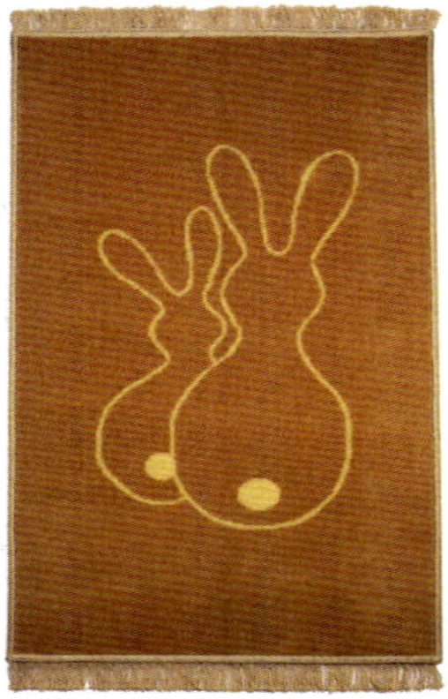

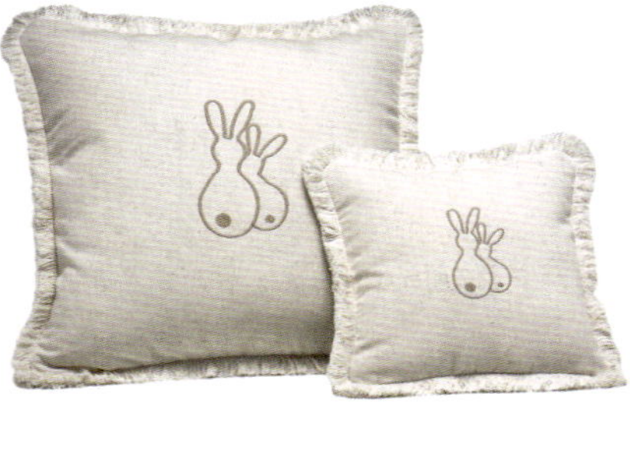

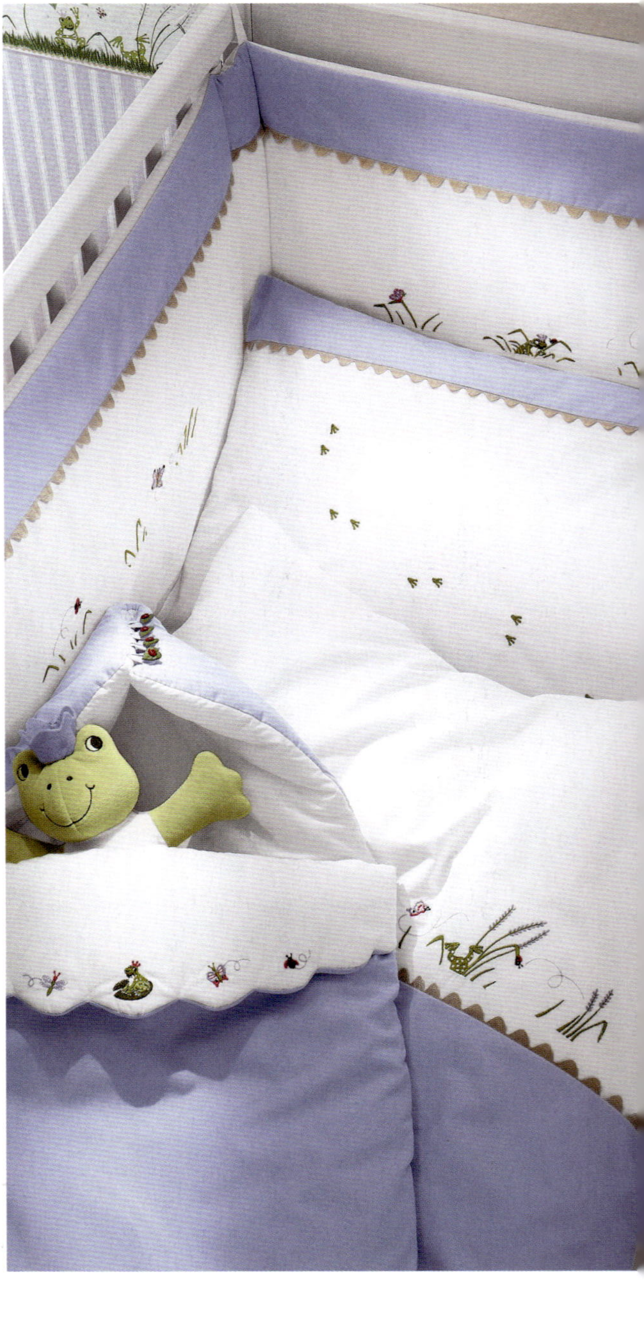

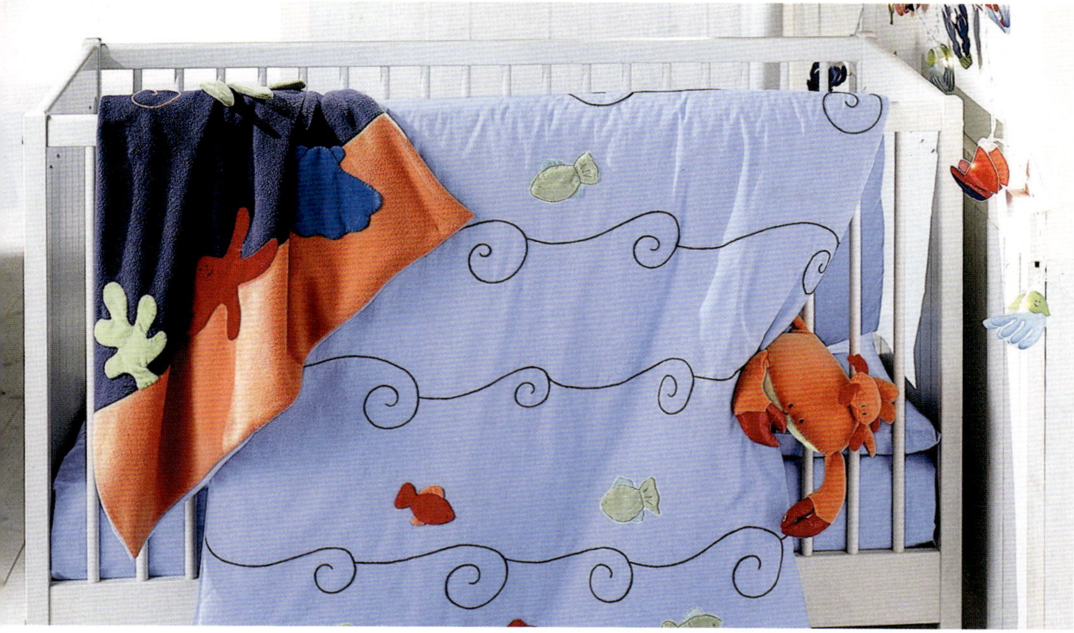

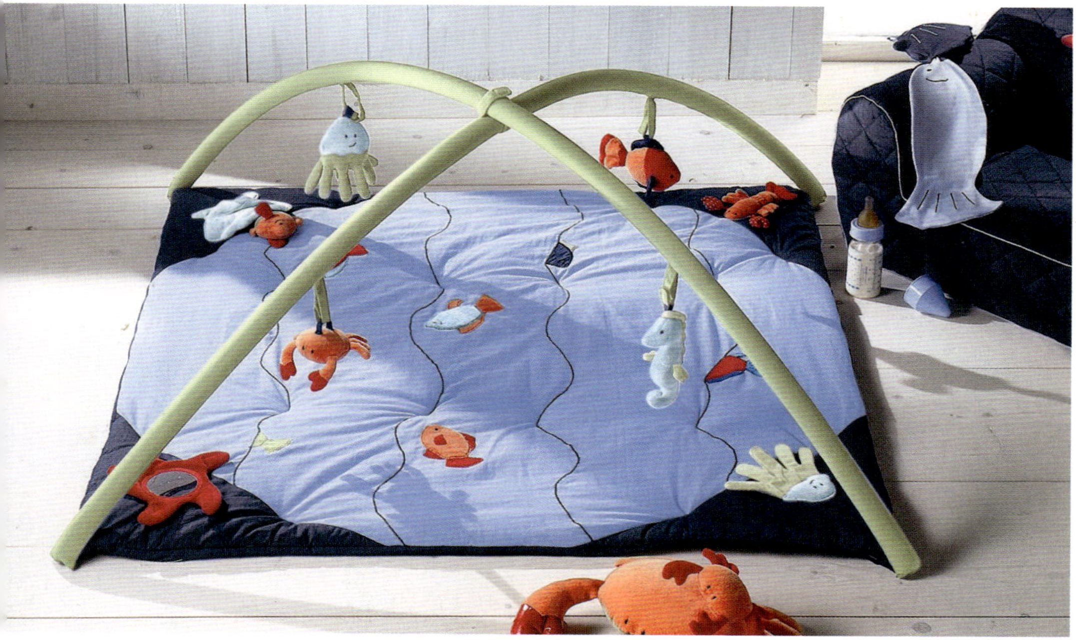

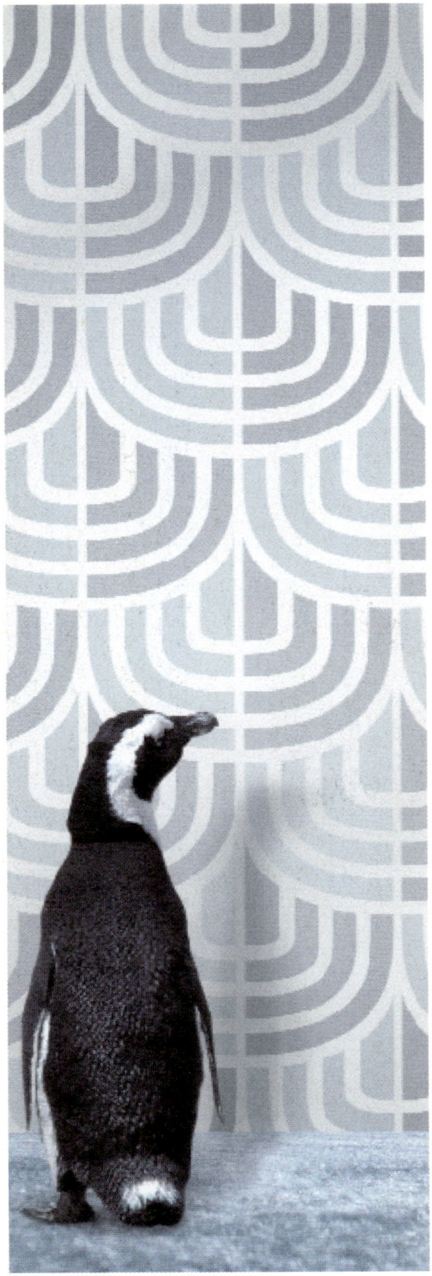

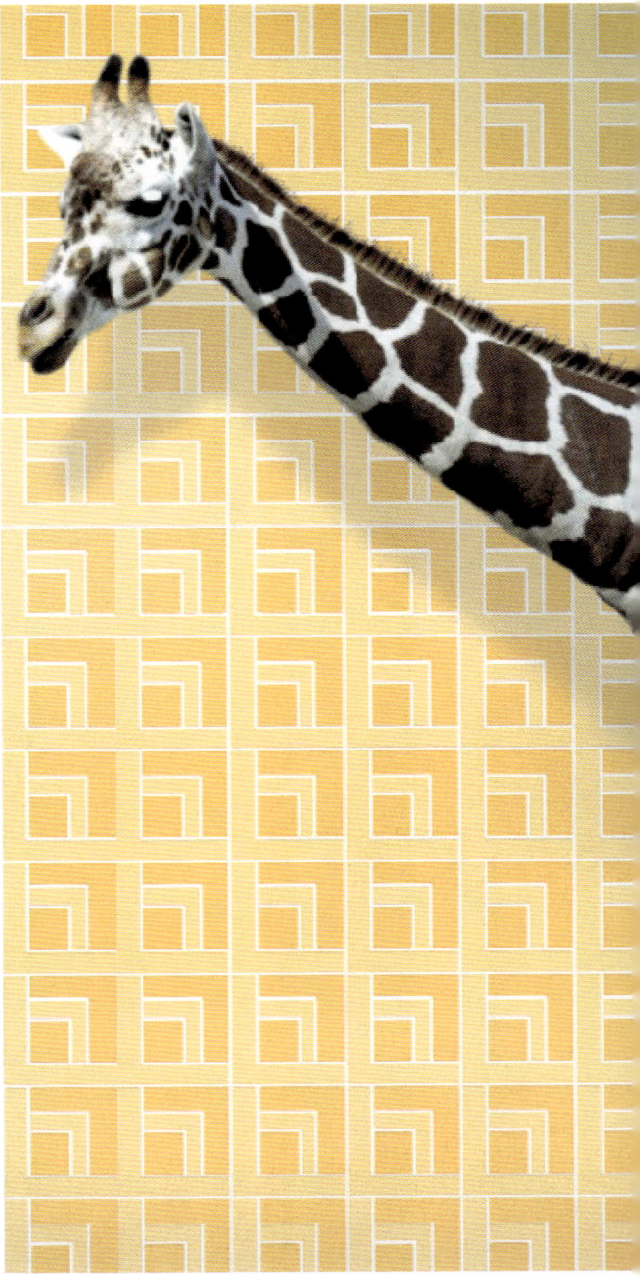

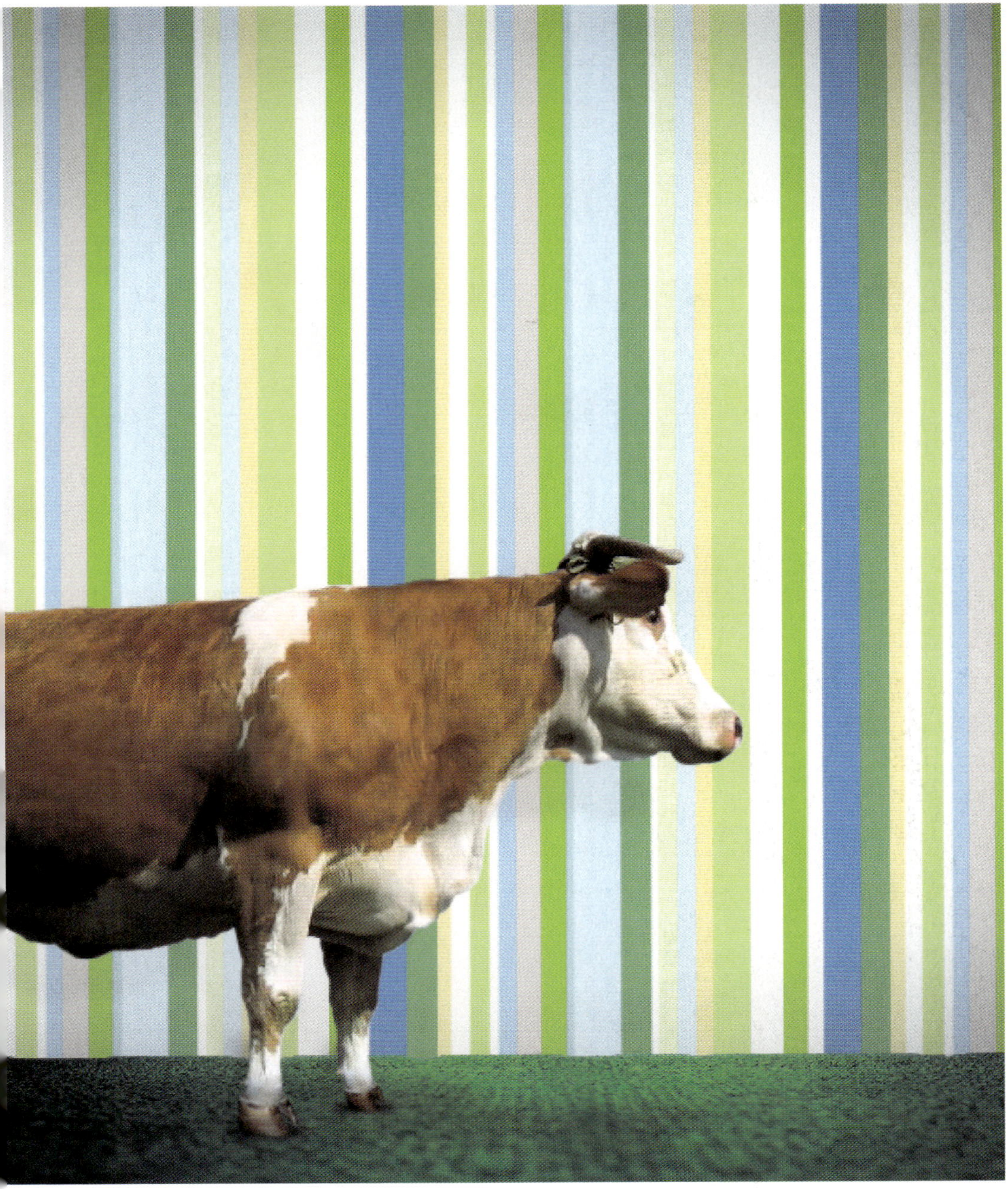

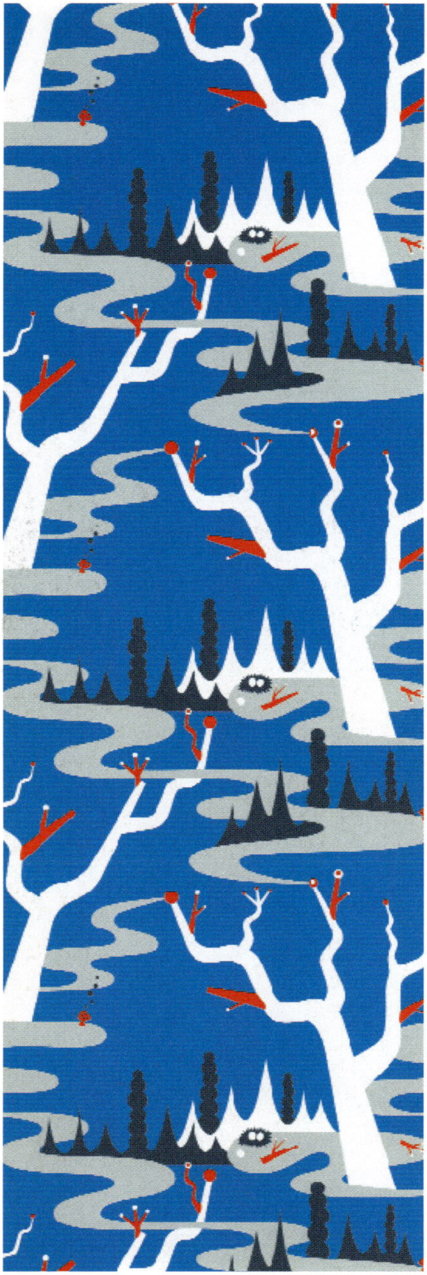

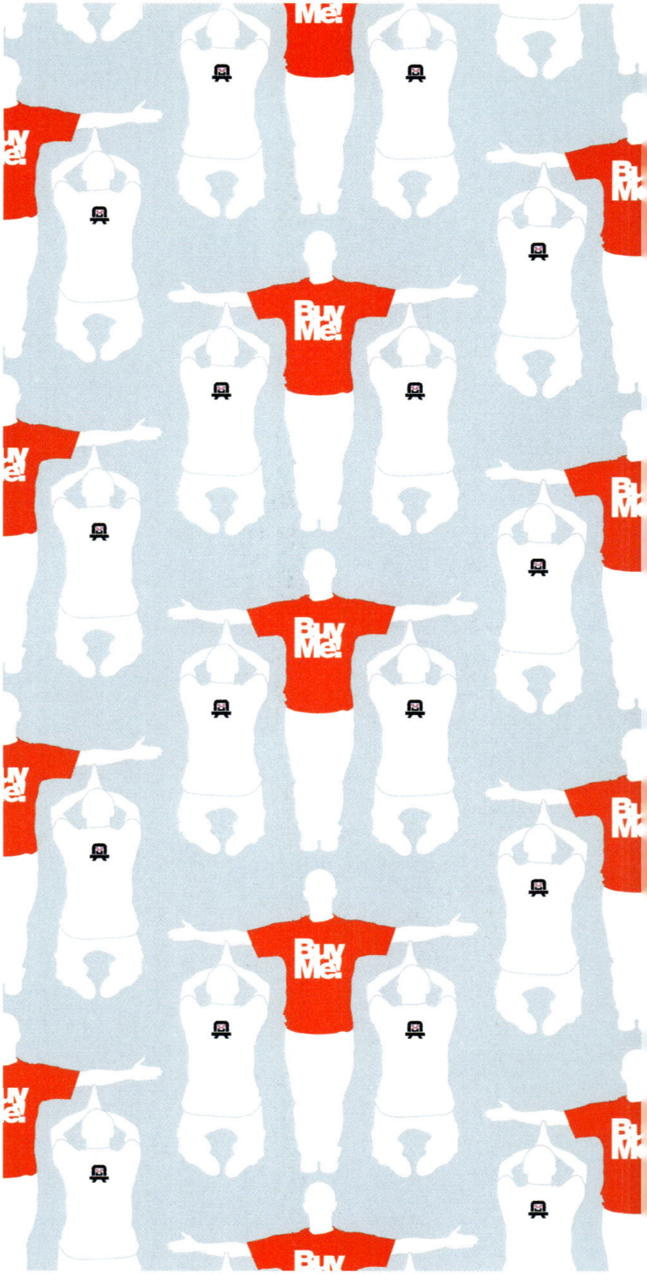
Buy Me!

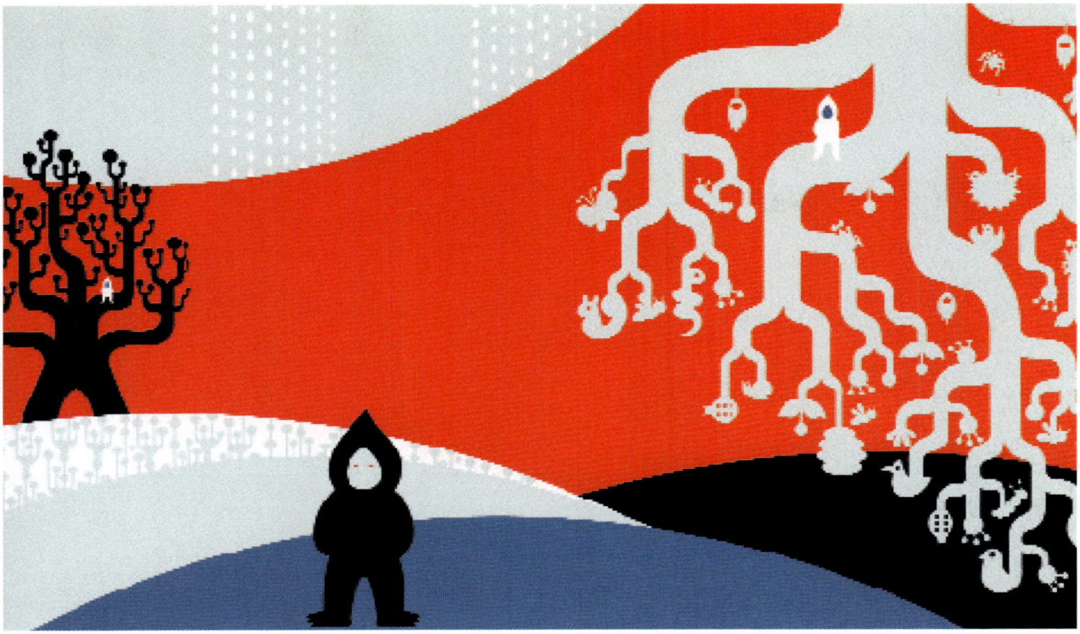

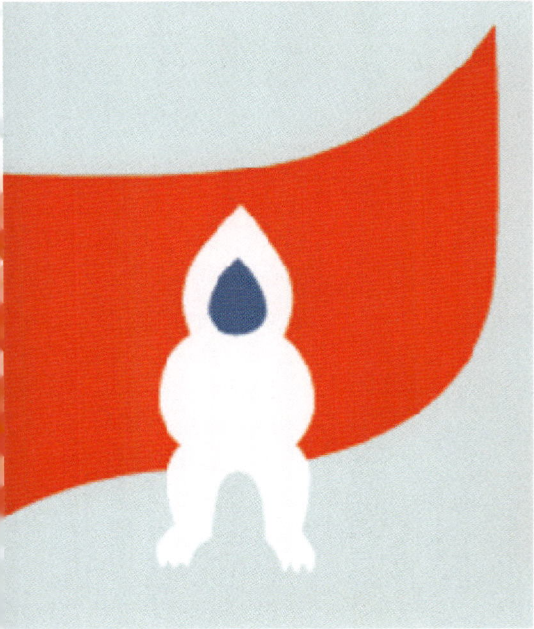

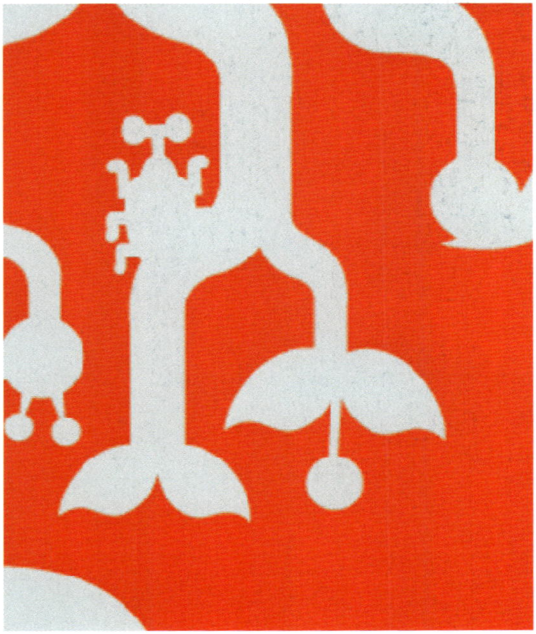

248

Toys

Los juguetes acompañan a los niños en su camino evolutivo. Ya se trate de peluches o de caballitos, la riqueza de ideas de los diseñadores, combinada con las posibilidades de fabricación, ha producido objetos muy originales. Los juegos de construcción de madera, por ejemplo, además de estimular la imaginación, son indispensables para un desarrollo motor saludable y cumplen una función decorativa. La selección debería responder a la edad y a las exigencias de seguridad.

I giocattoli accompagnano i bambini nella loro evoluzione. Animali di peluche o cavallini a dondolo – l'ingegnositá dei designer, combinata con le attuali possibilitá di produzione, ha dato vita ai piú originali oggetti. Cosí, per esempio, gli elementi in legno per la costruzione non solo stimolano la mente, ma sono anche indispensabili per un sano e dinamico sviluppo ed assolvono inoltre una funzione decorativa. La scelta deve rispettare l'età e le necessarie norme di sicurezza.

Toys accompany children in their development. Whether soft toys or rocking horses, the variety of designer's ideas combined with the manufacturing possibilities have created very original objects. For example, wooden blocks, as well as stimulating the imagination, are basic for the child's motor skills development, and also have a decorative function. The selection should meet the safety requirements and also be suitable for the relevant ages.

Os brinquedos acompanham as crianças no seu percurso evolutivo. Quer se trate de peluches ou de cavalinhos, a riqueza das ideias dos designers, combinada com as possibilidades de fabrico, produziu objectos muito originais. Os blocos de madeira, por exemplo, além de estimularem a imaginação, são indispensáveis para um desenvolvimento motor saudável e cumprem uma função decorativa. A escolha deveria ter em conta a idade e as exigências de segurança.

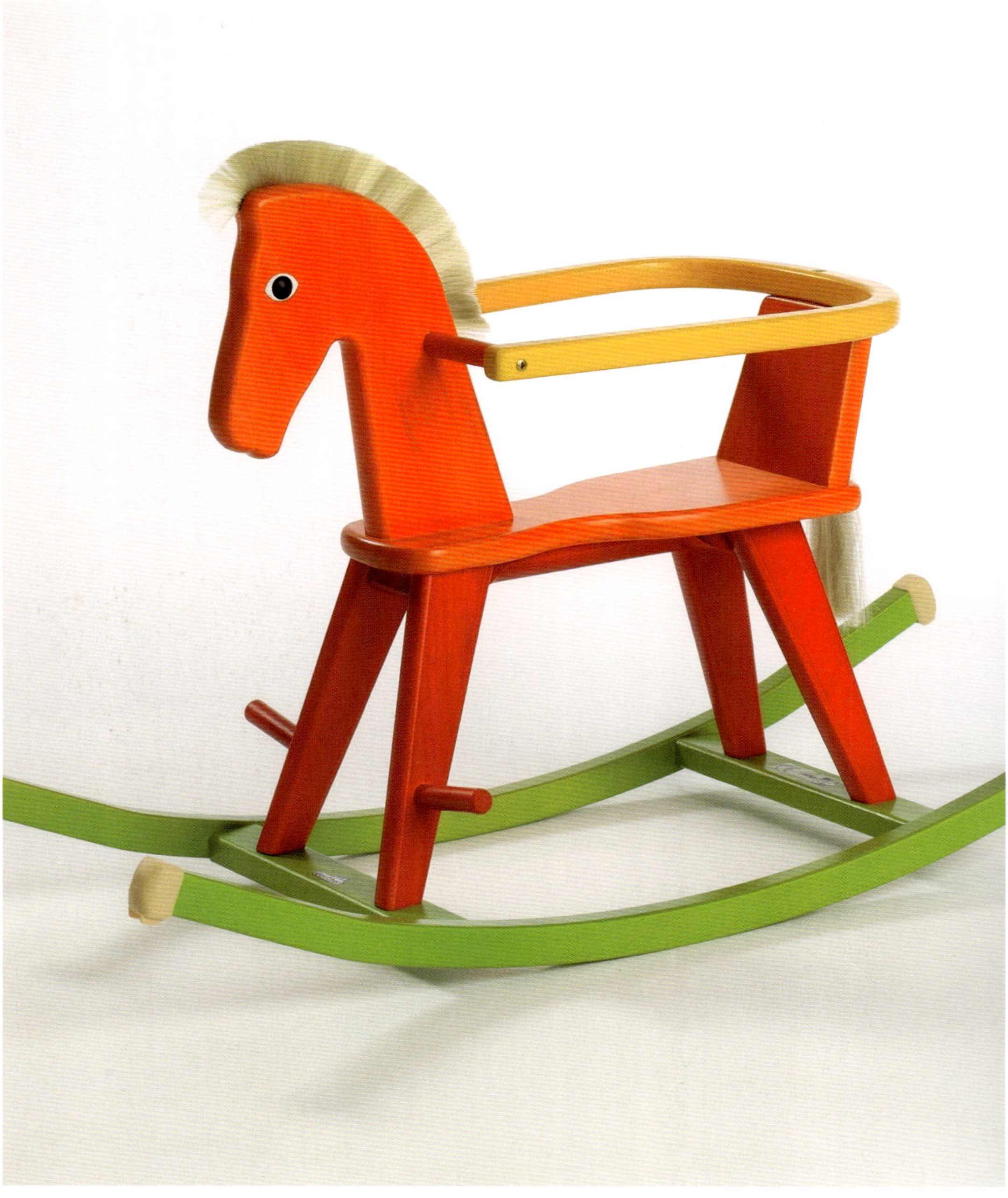

251

252

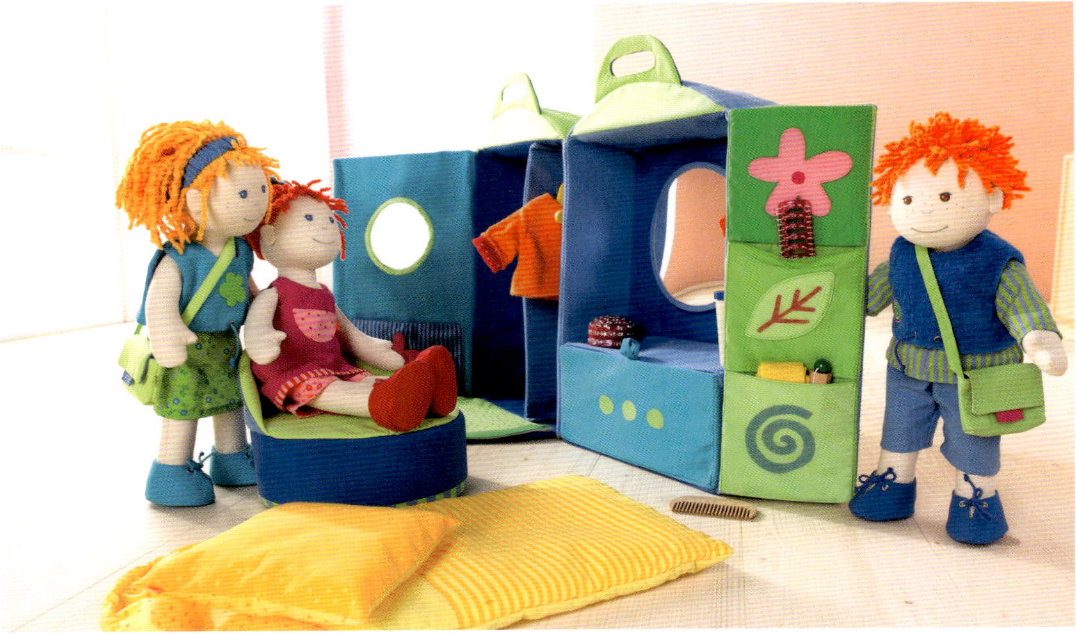

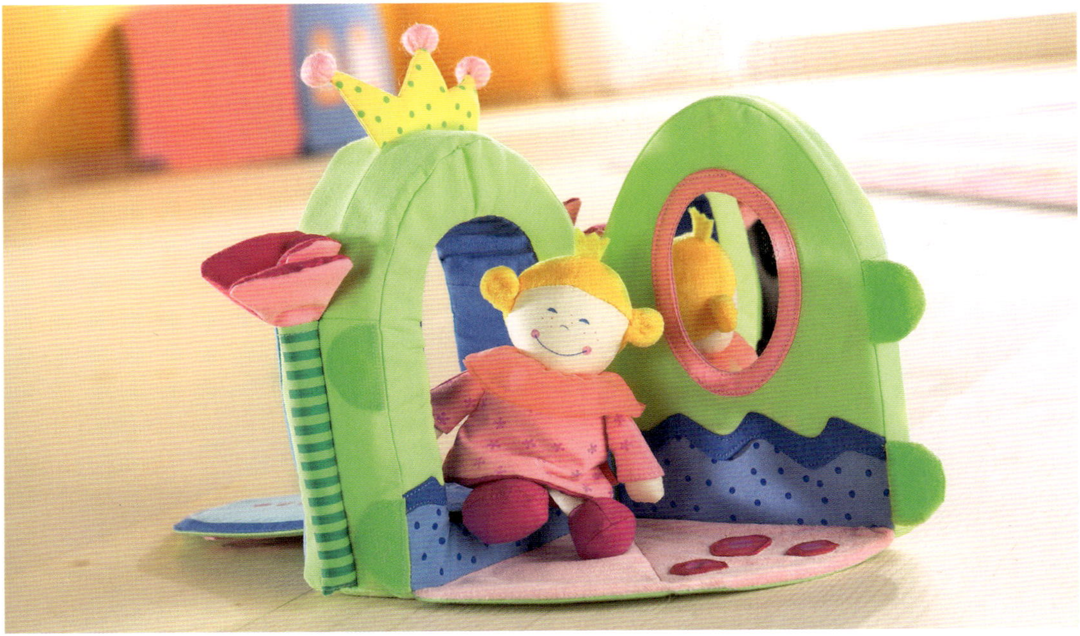

Photo Credits

Andrea Martiradonna: p. 20
Assomobili: pp. 12, 57, 82-85, 88, 216
Azcue: pp. 79, 80-81
Babymobel: p. 39
Bébéform: pp. 218, 222 (bottom)
Bent Rhyberg, Jens Lindhe/Planet Foto: p. 22
Bopita: pp. 225, 251 (top right), 251 (middle left), 251 (middle right)
C. Domínguez: pp. 136-141, 146-157, 186-189, 202-213
Chicco: p. 36
Chisato Shinya/Kinpro: pp. 246 left, 247
Concrete: pp. 24, 25
Cordonné: pp. 240, 241
Dear: pp. 58-59, 180-185, 194-197
Erba Mobili: p. 11
Finn & Hattie: pp. 15, 23 (top), 53
Galli: p. 89
Heather Spencer Designs: pp. 33, 40, 41
Hervé Abbadie: p. 32
Ikea: pp. 37, 142-145, 219 (right), 222 (top, left), 233 (right), 235, 249, 251 (top, left), 251 (center), 251 (bottom right)

Ima Mobili: p.13
J. J. Pérez Iscla: pp. 68, 70-71, 74-77, 158-163
Jacadi: pp. 16-17, 48, 49, 242 (right), 243, 248
Jordi Sarrà: pp. 106-111, 116-119, 190-193, 198-201
José Luis Hausmann: pp.120-123, 132, 133, 164-173
Kinderräume: pp. 42-43
Leipold: p. 51
Live and Play: p. 228
Luis Ros: pp.112-115
Marshmallow Company: p. 224 (right), 226 (left)
Micuna: pp. 98, 99, 128, 129, 130, 131
MyToys: pp. 219 (left), 222 (top right), 224 (left), 232, 233 (left), 234, 238, 239, 250, 252, 253
Olivier Hallot, Jacques Giaume: p. 14
Red Cover/Homebase: pp. 124-127, 134-135
Red Cover/Johnny Bouchier: p .69
Roger Casas: p. 23 (bottom)
Stokke: pp. 217, 223
Tarantino Studio: p. 226 (right)
The Designers Republic: pp. 246 (right)
Tirimilitín: pp. 236, 237, 242 (left)
Tisettanta: pp. 10, 78
Tres Tintas BCN: pp. 244, 245

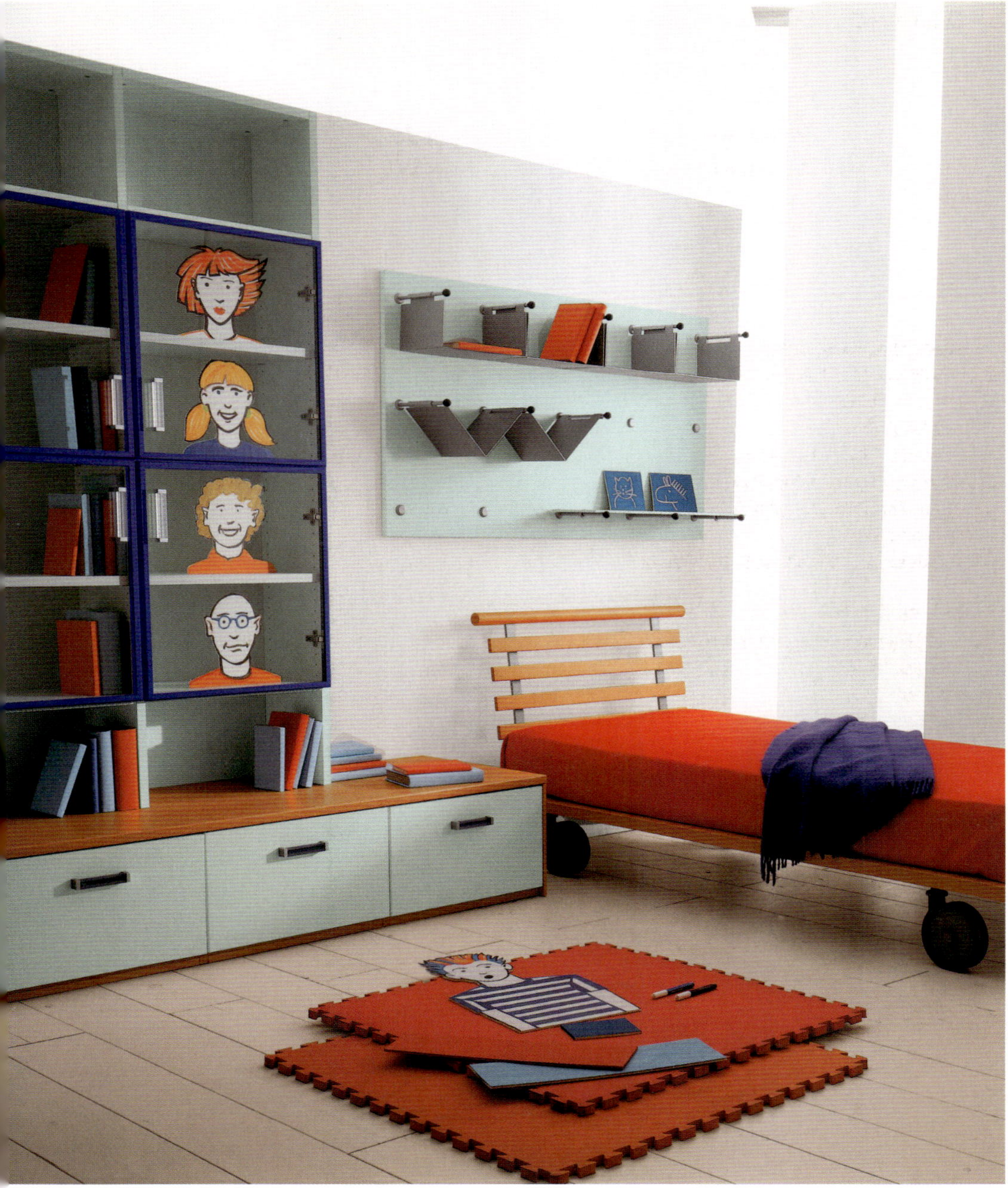